尽善尽美　弗求弗迪

美 迪 润 禾 书 系

妈妈不崩溃
抗挫力培养的8把金钥匙

UNS HAUT SO SCHNELL NICHTS UM
8 Schlüssel der Resilienz für dein Kind und dich

［德］莱昂德拉·沃格特（Leandra Vogt） 著
杨 军 译

电子工业出版社
Publishing House of Electronics Industry
北京·BEIJING

Copyright© 2021 Beltz Verlag in the publishing group Beltz · Weinheim Basel
The simplified Chinese translation rights arranged through the Rightol Media.
本书中文简体版权经由锐拓传媒取得。
本书简体中文版专有翻译出版权由Beltz Verlag通过锐拓传媒授予电子工业出版社。未经许可，不得以任何手段和形式复制或抄袭本书内容。版权所有，侵权必究。

版权贸易合同登记号 图字：01-2022-2968

图书在版编目（CIP）数据

妈妈不崩溃：抗挫力培养的8把金钥匙 /（德）莱昂德拉·沃格特（Leandra Vogt）著；杨军译 . 一北京：电子工业出版社，2023.3
（美迪润禾书系）
ISBN 978-7-121-44881-2

Ⅰ.①妈… Ⅱ.①莱… ②杨… Ⅲ.①挫折教育－家庭教育 Ⅳ.①G78

中国国家版本馆CIP数据核字（2023）第014868号

责任编辑：黄益聪
印　　刷：三河市兴达印务有限公司
装　　订：三河市兴达印务有限公司
出版发行：电子工业出版社
　　　　　北京市海淀区万寿路173信箱　邮编：100036
开　　本：880×1230　1/32　印张：8.25　字数：165千字
版　　次：2023年3月第1版
印　　次：2023年3月第1次印刷
定　　价：59.90元

凡所购买电子工业出版社图书有缺损问题，请向购买书店调换。若书店售缺，请与本社发行部联系，联系及邮购电话：(010) 88254888，88258888。

质量投诉请发邮件至 zlts@phei.com.cn，盗版侵权举报请发邮件至 dbqq@phei.com.cn。
本书咨询联系方式：(010) 57565890，meidipub@phei.com.cn。

送给你和我的孩子。

推荐序

尽管已经过去几年时间了,但我仍然清楚地记得,当我第一次听到"抗挫力"这个词时,我不由得皱起了眉头。"这是什么?"当我了解到莱昂德拉·沃格特所从事的工作时,我问自己:"为什么我竟然不知道这个?"抗挫力这个词反反复复出现在我的脑海里,但我仍然无法完全理解这个词。然后,我发现莱昂德拉·沃格特竟然还是这个领域的培训师,多么令人惊奇的事情啊!就这样,我的好奇心被激发了,我开始研究抗挫力这个主题,阅读、理解、提出问题并不断获得答案。对我来说,我理解抗挫力的过程,也是探索一个十分重要的策略——一个适用于我们的孩子,以及作为父母的我们……当然,也适用于每一个人的策略的过程。

拥有抗挫力的人了解自己并能够接受自己。他们采用最好的方式处理生活带给他们的一切问题,并且对他们个人所拥有的资源有十分清醒的认识。同时,在改变是合理的且必要的时候,他们还拥有力量去经历整个改变的过程。拥有抗挫力的人喜欢生活中甜蜜的一面,但他们同时也能够忍受生活中苦涩的一面。作为父母,我们希望孩子

能够在生活中站稳脚跟,充满自信和信任,并成为具有抗挫能力的人,"不会被轻易打倒"。

当然,我们不应该把我们对孩子的期望凌驾于他们自己的意志之上,即便我们的出发点是"为他好"。千万次地告诉他什么对他才是好的,这样做充其量只会让我们变成令人讨厌的成年人,并且会让我们自己精疲力竭。

这就是抗挫力——深埋在灵魂深处的抗压能力特别重要的原因,尤其是对我们。我们不仅要对其进行探索,而且还要不断地对其进行强化。自己行动起来,为孩子树立一个榜样。因为作为父母的我们就是孩子的榜样,会给孩子留下持久的印象。我们作为榜样的力量塑造了我们的孩子。

我相信,在日常生活中,许多父母有时会忘记这个事实,或者没有完全认识到这个事实。当我们成为榜样,并认为只有这件事才是唯一需要我们注重的时候,以及当我们的大脑处于良好的工作状态、很放松并且处于身心一体的时候,我们仍然可能时时低估了榜样的作用。是的,上面的说法是很重要的。我们,作为父母,一直都是我们孩子的榜样,不仅仅是在我们已经掌控局面的时候,还包括我们处于寻找解决方案过程中的时候。同时,我们应对挑战的方式也是十分重要的,包括我们如何管理我们的情绪,以及我们是否允许自己给自己的情绪提供一个合适的空间,这些都会对孩子产生影响。我们自己的情绪管理方式将会给孩子提供一个蓝图。当我们感到不安全或害怕的时候，我们坦白地承认过自己的情绪吗？我们是如何控制我们的愤怒的？当我们感受到压力的时候，我们自己能够注意到吗？我们如何缓解压力？面对我们想要尽可能隐藏的东西——对自己和对他人都想要隐藏的东西，以及我们不愿透露的一切，我们会将其放在一个空间里。例如，我们不敢听从自己的内心，或者为了获得别人的认可而委曲求全——尽管在内心深处，我们觉得这样做对我们自己来说没有任何好处。上面的这些同样也构建了我们为自己以及为我们的孩子所创造的框架，具有很强的影响力。我们的日常行为正在向孩子展示"你也该这么做"。我们的孩子还从我们身上学习如何表达爱，以及亲近和安全意味着什么，包括在与他人的亲密关系中是否能够感到安全。因此，我们不仅应该是孩子的榜样，而且还应该以一个完整的活生生的人而存在。

这样的认识使得作为父母的我们站到了负责任的位置，同样还为我们提供了大量机会，以实现共同成长，建立真正的亲密关系。

如果我们自己带头，下定决心不断强化我们自己的抗挫力，我们将会向我们的孩子展示如何培养抗挫力。这是多么美好的事情啊！我们正在做一些对我们自己很好并且对我们的孩子也有益的事情，因此，通过这种方式我们可以真正做到一石二鸟。在这个过程中，我们可以去学习、

成长、犯错误,并修正我们自己走的道路。这并不需要多么完美。是的,我们的诚实与努力才是最重要的!当我们踏上这段旅程时,我们的孩子可以信任自己,自由地探索,在需要的时候,他身边将会有人——作为父母的我们牵着他的手。我们可能无法像熟悉我们的手指那样知道路是什么样的,但至少我们已经出发了。我们的孩子也会一次又一次为我们带来惊喜!例如,当我们发现他甚至可以通过与生俱来的乐观精神以及对这个世界的基本信任领先我们一步的时候。

　　这本书可以成为你人生旅途中的陪伴之物,或者作为寻找方向的指南针。莱昂德拉·沃格特使抗挫力的基本概念及其与日常生活的相关性变得易于理解。这种相关性是建立一个十分有前景的、以信任为特征的人际关系的基础,可以用来迎接一个具有全面抗挫力和自信心的人生的未来。我希望这本书能进入越来越多的家庭,并进入每个人的心里。

珍妮·米克
畅销书《妈妈,不要咆哮》
(*Mama, nicht schreien*)作者

序　言

父母都希望孩子不断变得坚强，从而有能力拥抱美好的生活。但坚强的真正意义究竟是什么呢？例如，跌倒是十分常见的事情，但坚强地重新站起来反倒是至关重要的。这样的坚强既适用于孩子，也适用于父母。在工作中，或者在处理内部或外部冲突的过程中，我们需要拥有妥善打理家庭日常生活的能力并与孩子一起迎接极具挑战性的未来。科学研究表明，虽然精神层面的抗压能力和健康的基础是在童年时期奠定的，但仍然可以在随后的时间里学习并获得培养抗挫力的8把金钥匙。

在本书中，我基于在抗挫力研究中的观察和发现，向孩子及其父母提供了大量学习知识的机会。培养抗挫力共有8把金钥匙，分别是接受、乐观、自我效能感、承担责任、塑造关系、以解决问题为导向、规划未来和顺应变化。每把金钥匙都可以单独使用，也可以与其他金钥匙一起使用，从而为内心提供强大的力量。尽管如此，本书阐述的内容并不是用来实现完美的目标的，也无法让人直接变得坚强，而是介绍如何克服困难，并在遭遇失败或严重打击之后以乐观的生活态度和强大的勇气继续前进的方法。

作者注

为了对内容进行匿名处理，我在我列举的"来自咨询时段的实例"中修改了父母和孩子的姓名。

为了便于写作和阅读时更流畅，在撰写本书的过程中，我忽略了性别差异。本书的目标人群是每个家庭中的母亲、父亲和其他会陪伴孩子一生的人。

书中的部分段落来自我创建的"坚强母亲俱乐部"咨询平台中的课程材料。

练习和反思部分的问题可能会让你觉得挑战太大。如果你觉得有自己不能或不想单独处理的问题，请寻找合适的专业人士提供支持。

目 录

导　言　001
为人父母——同时面对挑战与机遇　003
→ 如何使用本书　011

抗挫力——什么是抗挫力　015
→ 科学和研究所探索的抗挫力　016
→ 强化精神的免疫系统　021

培养抗挫力的 8 把金钥匙　057

1. 接受——与生活保持一致　059
→ 来自咨询时段的实例：我的童年不是这样的……　060
→ 睡在豌豆上的公主　064
→ 愤怒、恐惧、悲伤和愤慨　066
→ 是你的孩子的感受还是你自己的感受　069

2. 乐观——看向光明　081
→ 来自咨询时段的实例：兄妹之间的吵闹　081
→ 期待可能的最好结果　084
→ 自由的意志和清醒的决定　086
→ 孩子的导航系统　087

3. 自我效能感——我可以改变一些东西　097
→ 来自咨询时段的实例：汉娜的烦恼　099
→ 自我形象　102

→ 自我优化与自我过高估计　　　　　　　　108
→ 羞愧　　　　　　　　　　　　　　　　110
→ 回顾与寻找新的道路　　　　　　　　　112

4. 承担责任——处理错误　　　　　　　　127
→ 来自咨询时段的实例：适应环境的障碍　128
→ 通过承担责任而获得自由和内在力量　　130
→ 把错误看成机会　　　　　　　　　　　132
→ 承担个人责任　　　　　　　　　　　　136

5. 塑造关系——我并不孤单　　　　　　　147
→ 来自咨询时段的实例：一位单打独斗的母亲　152
→ 我们周围环境的影响　　　　　　　　　154
→ 给予和接受　　　　　　　　　　　　　156
→ 欺凌、争吵和孤单　　　　　　　　　　157
→ 建立高质量的人际关系　　　　　　　　159

6. 以解决问题为导向——是什么让我们走得更远　169
→ 来自咨询时段的实例：调和需求　　　　170
→ 好奇心是发展的动力　　　　　　　　　173

7. 规划未来——让生活丰富多彩　　　　　181
→ 来自咨询时段的实例：没有规划的家庭　182
→ 生活日历　　　　　　　　　　　　　　183
→ 发现价值　　　　　　　　　　　　　　185
→ 为梦想制订计划　　　　　　　　　　　187

8. 顺应变化——坚定信念　　　　　　　　193
→ 来自咨询时段的实例：疾病与痛苦　　　193

→ 保持平常心 194
→ 在生活中顺应变化 196

家庭氛围中的抗挫力培养 201

你的孩子的自由 203
与孩子一起快乐度过日常生活的 8 把金钥匙 205
→ 在租来的公寓里上蹿下跳 206
→ 不配合的祖父母 210
→ 每天刷牙时的斗争 210
→ 三个孩子、饥饿和数不清的需求 214
→ 家庭聚餐、Instagram 和游戏机 217
→ 时间和冬装的烦恼 219
→ 被边缘化的孩子 223
→ 收银台前的愤怒 229

结语——让爱帮我们走出痛苦 236

鸣　谢 237

注　释 239

参考书目 243

导 言

导 言

为人父母——
同时面对挑战与机遇

生活可能会是艰难的——

我怎样才能让我的孩子不断变得强大，去面对生活中的挑战呢？

如果某些时候我自己面对挑战时内心的力量都不够，我该怎么办？

我应该怎么帮助孩子摆脱严重的易怒症，进而使他认为这并不是他的错误？

在孩子们陷入兄弟姐妹之间的争吵中时，我应该怎么陪伴他们，但又不会让他们觉得我更偏爱他们中的某一个？

如果孩子在日托中心或学校与人发生了冲突，甚至被排斥，我应该如何强化孩子的自信心？

看看，对你来说，上面描述的问题是不是感觉很熟悉？

就像快乐和幸福一样，挑战、压力和危机也占据了我们生活中相当大的部分。父母希望孩子的生活能够阳光灿烂，但是，事与愿违，实际上我们并不能清除孩子生活中的所有阴暗面。

有句话说得好:"如果生活给了我柠檬,那我就做成柠檬水!(世界吻我以痛,我报之以歌)。"生活中总是充满了各种惊喜。有时,我们身边会发生各种意想不到的事情,我们会发现自己已经陷入了在生活中自己不可能会主动进入的状态。我们的孩子也会有相同的感受。

当然,作为父母,我们如果有能力在一夜之间按照我们的期望改变世界,那该是多好的事情啊!

各种形式的暴力和不公都将被清除得干干净净,悲伤和愤怒将不复存在。我们在和平与欢乐中度过每一天,不需要面对任何压力,而且也不会出现焦虑。这是不是很美?

但是,我们不能自欺欺人!我们必须敢于做出大胆假设:我们的孩子仍然(可能)成长在充斥着战争、贫困、气候危机和虐待动物事件的世界中,我们每天还会有许多令人烦恼的事,诸如朋友之间的争吵、相思病,或者仅仅只是一杯橙汁洒在早餐桌上之类的事。生活中的挑战总是不经意间扑面而来,而且挑战总是以它们各自独特的方式到来。

对于作为父母的我们来说,寻找既不会在挑战面前视而不见,也不会逃避的道路,同时提前赋予孩子能力,向他提供足够的资源,帮他在这个世界中不断前行,难道不是更有意义吗?

那么,上面所说的道路该是什么样子的呢?作为父母

导 言

的我们该怎样做才能使得孩子保持充满力量的状态，即便生活将"柠檬"给了他？

以需求为导向，以互信关系为导向，以眼睛所见为导向……新的从内部赋予孩子积极向上的力量的方法，是本书将向你介绍的内容。但是，这些方法往往与祖父母在过去和现在仍然向我们推荐的方法完全不同。在过去，咆哮、惩罚、胁迫和威胁被认为能够使孩子服从或使孩子获得所谓的坚强，而现在，此类育儿方法已经成为过去式了……

也许你对自己以前所遭受的那些因专制型育儿方法所造成的痛苦仍然记忆犹新，是不是还能想起这些场景：当你疲惫不堪，只想捂住耳朵的时候；当你的表现与父母的预期完全不同的时候。

那么，如何寻找自己内在的力量和生活的乐趣呢？如果你对自己的童年经历还没有真正释怀，并且你已经意识到你想要走另一条路，该怎么办呢？如果你陷入了既往的模式，觉得自己无法控制眼前的一切又该怎么办呢？

怎样才能在不忽视或不忽略自己的错误及问题的情况下，真正持续性地强化孩子的精神力量呢？

下面是哈利勒·纪伯伦的诗《论孩子》（*Von den Kindern*）的节选，可以让我们感受到那种情绪。我是在珍妮·米克和桑德拉·特姆-杰特写的一本精彩的书《妈妈，不要咆哮》中看到的：

你的孩子，其实不是你的孩子。
他们是"生命"对于自身的渴望所诞生的儿女。
他们借助你来到这个世界，却不是因你而来，
他们虽然与你同在，却不属于你。
你可以给他们的是你的爱，但不能是你的想法。
因为他们有自己的思想。

我们对自己童年所走过的道路的认识与为孩子所做的选择密切相关。我们所认为的最好的，是建立在我们自己经历的基础上的。认识到这一点，可能是我们育儿过程中最重要的步骤之一。

我们可能会发现，在外部寻找答案的愿望可能来源于一种深刻的、由时间上相距不远的几代人之间巨大的价值观差异所引发的不确定性和困惑。

在欧洲某些国家的某些时期，令人毛骨悚然的育儿方法在许多人的脑海中刻下了烙印——今天我们中的许多人身上仍然保留着这种方法的痕迹。与此同时，我们希望走上一条新的充满爱的道路，但我们往往缺乏实现这一愿望的知识和方法。

这本书将帮助你培养你自己和孩子的抗挫力，同时不再对你父母和祖父母的育儿方法进行妖魔化，即便记忆给我们留下了深深的痛苦。我们断然放弃不能服务于我们的那些方法，是为了无论从我们的内心，还是从外

导 言

部，都为新鲜事物腾出空间。

我们要学会接受自己和孩子，不是对自己进行评估，也不是想当然地解决我们的问题，而是以一种新的、以解决问题为导向的方式来看待问题。

在汉语中，"危机"一词由两个字组成，这两个字也可以被解读为"危险"和"机遇"。这就很好地向我们表明，一切都是开放的：一个最初被视为威胁的危险也可以是一个具有积极意义的机遇。危机可以引领我们走上以前未知的道路，并在这条道路上超越自我！

因此，即便面对挑战十分痛苦，我们仍然保持昂扬斗志并能够在快乐中继续前行——这就是抗挫力。

我将在本书中介绍培养并形成抗挫力的 8 把金钥匙，它们能帮助我们积累生活中的快乐并获得内在力量，使我们坚强地面对并克服困难。如果我们能坚韧不拔地生活，我们就会看到自己和我们所生活的世界里新的更加深刻的方面，并会丰富我们的所知。在我们能够找到爱、力量和欢乐时，生活将变得更有价值，我们也能帮助孩子从内部强化自己，以顺利度过成长的各个阶段。

坚韧不拔地生活，意味着站在平等的位置面对我们身边的人，并建立可靠的充满爱的关系，不受他们的年龄、他们的感受以及他们对生活的看法的影响；坚韧不拔地生活，意味着认清现实，并用以解决问题为导向的方式进行思考。

当阅读这本书时,你会发现,人们在童年时期就已经奠定了培养个人抗挫力的基础。这个认知对于作为父母的我们和所有与孩子接触的人来说都是十分重要的。特别是,可靠的关系可以促进孩子培养抗挫力。这也证实了用与孩子的视角保持同一高度,充分考虑孩子的需求的方法养育孩子,是一种赋予孩子勇敢面对生活的力量的方式,而不能僵化地将其推入"冰冷的深渊"。

作为父母的,我们如果在自己犯了错误时对自己施加压力,羞辱或谴责自己,是几乎没有什么意义的事情。毕竟,我们是孩子的榜样。在家庭中培养抗挫力要求家庭全部成员都以需求为导向。因为只有当我们以自爱和仁爱的心态对待彼此时,我们才能不断地为自己和孩子创造充满欢乐的生活。

"抗挫力"这个词在英语中的定义已经被固定了。在大型公司的项目管理部门和人力资源部门中,关于抗挫力培训的令人印象深刻的研究成果早已众所周知。现在是把这些知识引入我们家庭中的时候了。

在本书中,一系列以8把金钥匙为脉络的训练,不论是对孩子,还是对作为妈妈或爸爸的我们都具有引导意义。你将学会通过实践将所有有利于培养抗挫力的技能、态度和品质融入家庭生活中。

你将有机会以更接近的方式仔细观察,逐渐获得对自己的童年和育儿经历的正确认知。被压抑的想法、失望和

导　言

伤痛在这个过程中可能会变得更加明显，这可以使你能够拥有一种全新的对育儿方式的认识，并将力量赋予孩子。

培养抗挫力的 8 把金钥匙可以帮助你在自己的育儿过程中认识到机遇，并用新的经过谨慎思考且符合个人价值观的知识做出决策。

在充满爱和以需求为导向的方式中，你将认清你与你的父母、祖父母和曾祖父母等几代人价值观之间的差异，以全新的方式体验和感悟你与孩子之间的日常生活，认识到自己的极限，知晓自己的优势，把孩子真正看成一个独立的个体。

本书中很多有针对性的练习，可以帮助你兼顾孩子和你自己的日常家庭生活。

你可以读到来自其他父母的故事，而我很幸运，陪伴他们解决了他们所面临的问题。通过这种方式，你将与我一起见证抗挫力培养以及以需求为导向的家庭陪伴所经历的一个个令人惊奇、感人的过程。

此外，我还将带领你进入日常生活中经常会令人陷入疯狂边缘的场景。我们将使用 8 把金钥匙从一个全新的角度来处理孩子拒绝刷牙、爱发脾气等问题。

本书绝不会向作为父母的你强烈推荐应该走哪条路，我也认为我本人不可能知道所有问题的答案，但我深知在家庭中培养抗挫力可以获得强大的力量。

无论是作为母亲还是作为父亲，无论是作为奶奶还是

作为爷爷,也无论是作为教师、阿姨、叔叔还是以邻居的身份与孩子接触,书中的观察、发现与我们所有人都是相关的。而且,需要永远记住的是,我们中的许多人是以男人和女人、男孩和女孩等完全不同的方式走向社会并在其中长大的。我记得很清楚,当我想在幼儿园的"男孩角"玩小汽车时,我孤零零地被赶到了走廊那里。

因此,我们通过有意识的自我反思所进入的世界是完全不同的。本书的读者对象,既是女性,也是男性。因为本书是通过我与很多母亲的密切合作写成的,因此书中的一些观点可能更倾向于母亲的角色。尽管如此,对于父亲来说,所有工具、信息和练习也是同样有用的。

书中内容不是关于如何"优化"你和你的孩子的,而是把你们塑造成具有钢铁般坚强意志、一直面带笑容生活的阳光"战士"。本书的目的也不是为你提供一把保护你自己不会被打湿的"雨伞",这种保护不是抗挫力的精髓。

因为我们可以确信,生命中自然存在的力量一定能够找到撕碎我们手中的"雨伞"的方式。坚韧不拔地生活并不意味着将压力屏蔽到自己的外面,让悲伤、愤怒或仇恨远离我们。更确切地说,培养抗挫力的意义是培养内在的力量,帮助我们迎接猛烈的"风暴",拥抱那些刻骨铭心的感受和经历。我们所拥有的内在的抗挫力陪伴我们同行的时候,我们就会有意识地在"雨中"行走,或者找到一个十分有用的思路,找一个可以"避雨"的地方。我们可

导　言

以在背包里备好"吹风机",或者知道去哪里可以买到"吹风机"。抗挫力不是将我们自己屏蔽在生活之外,而是为我们提供充分享受生活所需要的条件,让我们可以在"雨中"翩翩起舞。

具有抗挫力的

具有抗挫力的

如何使用本书

本书不应该成为一个枯燥的信息源,仅兜售一些理论,实际上它并没有给你的日常生活带来任何变化。也不应该是在教化你,更不应该成为关于教育孩子的"说明书"。

我想做的是,邀请你踏上一段旅程,为孩子的未来提供科学的见解和宝贵的知识。最终,这段旅程将不可避免地带你穿越你自己的童年。

为了更好地让你理解本书的内容,我首先需要详细地解释"抗挫力"的含义,然后简要地介绍一下针对抗挫力所进行的研究。我考虑到了各种可以增强或削弱孩子内在

力量的因素。

接着,我将一个一个地向你介绍能够帮助你和你的孩子培养抗挫力的 8 把金钥匙。我在实践示例的基础上,通过大量的启发和练习,帮助你应用上述 8 把金钥匙,在你的日常生活中锚定资源。在"资源工具箱"里,有开展抗挫力培训的测试,以及各种建议,你可以在个人抗挫力培养过程中加以实施。

我想简要地介绍在有关 8 把金钥匙的章节中分享的特色内容。

✓ 清单

你有过这种感觉吗?读了很多书,脑袋里面却空空如也?我整理了一些清单,将会在每一个关于培养抗挫力策略章节的末尾提供。在其中,我总结了与你的家庭日常生活相关的一些经验。

资源工具箱

用被我称为回答问题的方式进行练习,可以引导你在各种困扰你的问题中找到症结。根据心理治疗师飞利浦·卡门·金德尔－贝尔福斯博士[1]描述的概念,我精心挑选了一些问题,邀请你和你的孩子在充满爱的环境下进行自我反思。根据法比安·伯格神奇的练习手册[2]所带来的灵感，我调整了其中的一些问题，用于与日常生活中最常见的主题保持一致。事实上，你将会发现：可以像亲吻时感知唇齿之间的触感一样品味问题背后的意味，这些问题能引导你澄清认知和获得开放的想法。

在集中讨论了如何对我们以前的感知进行反思之后，我们进一步切换到行动部分。对于你和你的孩子，我会在资源工具箱中将你们置于已经过验证和测试的、功能十分强大的练习☀中。

需要指出的是，练习的内容可能会给你带来很大的挑战，并可能使你达到自己的极限。如果你觉得你正在被压垮，请及时寻求帮助。寻求帮助不是软弱的表现，事实上，恰恰相反，看到自己的极限在哪里，然后寻求所需要的支持，正是拥有强大力量的表现。

另外，本书中介绍的所有用于孩子的练习，只有在孩子愿意的情况下才是有效的。如果我们强迫他做各种练习，即使是出于良好的动机，强迫的做法也可能会产生相反的效果。

通过本书，我想向你展示如何从内到外促进孩子健康成长。为了实现上述目的，一个十分必要且不可或缺的前提条件是，孩子可以顺从自己的内心而行动。这意味着你可以让孩子拒绝任何感觉不舒服的练习。在这种情况下，你会发现在养育孩子时完全远离强迫和所谓的纪律是多么美好的事。

妈妈不崩溃

为了向你和你的孩子提供尽可能多的思路，促使你们在个人日常生活中培养抗挫力，我在资源工具箱内设置了资源清单 💡，向你和你的孩子提供了更多的关于抗挫力培养的思路！你可以每天、每周、每月或每个季度采用清单上所列的方法练习——按照适合个人日常生活的方式进行练习。孩子在进行每一次练习时，重点应该放在获得快乐上，而对于你自己来说，获得知识应该是最重要的。

为了更详细地说明8把金钥匙之间的相互作用，我在"家庭氛围中的抗挫力培养"一章中，使用典型的情景和示例，向你展示在日常生活中培养抗挫力意味着什么，以及可能产生的影响。

在本书中，我想成为你真正的伙伴，因此，我还会跟你分享我的一些个人经历。通过这种方式，我想让你深入了解我已经走过的抗挫力培养之路。

在你阅读本书后，我衷心地祝愿你获得新的、令人振奋的知识。真诚地祝愿你能够一直享受快乐和获得许多顿悟，丰富你育儿的经历。

让我们一起走上这条路——一条可能永远不会有终点的路。让我们走上一条康庄大道，这里不会对错误进行妖魔化，而是展示用有意义的充满爱心的方式化解错误的方法。让我们一起走在培养抗挫力的道路上，承认生命的多样性，全身心地、快乐地活出精彩。

导 言

抗挫力——什么是抗挫力

在简要介绍针对抗挫力进行的研究之前，先明确一下"抗挫力"一词的含义。现在，我不是介绍《杜登德语大词典》中对这个词的解释，也不是从这个词的拉丁文词根中推导这个词的含义，而是尝试使用一句谚语来介绍抗挫力。

"如果你跌倒了七次，
尝试爬着站起来八次就好了。"

这是一句日本谚语。另外，从我个人的角度来看，这也非常恰当地描述了抗挫力所代表的全部内涵。"抗挫力"一词指的正是这种在第七次跌倒之后还能重新站起来的力量，这种直面生活的勇气和内在的力量。

也许你认识这样的人：在你看来，他们的生活绝对是一场灾难，然而，这些人看起来不仅毫发无损地走出了逆境——不，他们看起来比以往任何时候都更加强大、更有力量，他们知道痛苦，但并不冷漠或者迟钝。而且，他们身上有一股特殊的力量，让他们一次又一次地把命运掌握

在自己的手中。即使生活展现了冰冷的一面，他们依然能够通过自己的勇敢和坚毅取得胜利。

科学和研究所探索的抗挫力

针对这种特殊能力的科学研究仍然是一个相当新颖的课题。让我们将目光从只关注"是什么让我们生病"的问题中解脱出来，转向关注"是什么让我们保持健康"。

对抗挫力这个主题的开创性研究，早在几十年前就开始了。1955年，美国心理学家和社会学家艾米·维尔纳踏上了一段激动人心的研究之旅。她和她的同事露丝·史密斯一起在夏威夷考爱岛对一个出生日期不同的群体（由698名儿童组成）进行了观察。他们与一个由儿科医生、护士、心理学家和社会工作者组成的跨学科团队一起，通过观察和访谈，检查并记录了这些儿童1岁、2岁、10岁、18岁、32岁和40岁年龄段的状况。在20世纪50年代，吸毒、暴力和犯罪等问题在考爱岛司空见惯。在接受观察的儿童中，大约1/3的人是在上述艰难且不稳定的环境中长大的。与大多数人所预料的一样，在这一群体中，大约2/3的人在他们一生中的某个时期经历了一个恶性循环的过程。他们成了瘾君子、罪犯、病人。这些人的特点是发育迟缓，人生前途受限和有残疾。尽管如此，在被观察的不稳定群体中，有1/3的人的生活与预期存在天壤之别：尽管他们在同样艰难的环境中长大，面临着许多危险，如长期贫困，父母存在精神疾病或家庭不和谐，但这些人没有出现行为问题，并被证明拥有抗挫力。

这些人能够与他人建立稳定且幸福的关系。他们过着健康的生活，接受教育，从事着能够充实自己的固定职业。他们在 40 岁时的死亡率和离婚率较低。[1]

也许在这一点上，你的感受和我相似，对那些生活在苦难中的孩子会产生一种特别的感觉。这个研究只是对每个人进行记录，几乎没有进行任何干预。上述孩子过着不同生活的事实为我们带来了价值巨大的启示。这项研究向我们揭示了究竟是什么能够对孩子形成挑战，且这种挑战大到使他们几乎或根本无法走上快乐的道路。我们称其为"脆弱性因素"，我将在本章后半部分更详细地探讨这个问题。在此基础上，我们能够以一种特殊的眼光来看待孩子的生活以及对他的支持，进而在我们的能力范围内"照亮"他生活的阴暗面。当然，当得到这个发现时，艾米·维尔纳和她的团队也很震惊。

在艰难的生活条件下，那 1/3 的孩子是怎么健康快乐地成长的？面对生活的痛苦，他们学会了热爱生活，这些孩子是不是拥有什么其他孩子没有的东西？

抗挫力研究的独特之处在于，研究不再像以前那样重点关注导致疾病的原因。虽然本书中仍然详细讨论了脆弱性因素，但最终找到了一个新的方法：探索可以让孩子健康成长的环境、特征和触发因素。

考爱岛的研究发现为很多更进一步的研究提供了动力,其中最著名的是曼海姆风险儿童研究和比勒费尔德非脆弱性研究。所有上述研究加在一起,揭示了可能削弱或增强抗挫力的因素。

因此,今天我们可以看到一系列范围广泛的认识,这使我的心跳加快——不仅仅是作为一名教师,最重要的是作为一位母亲。

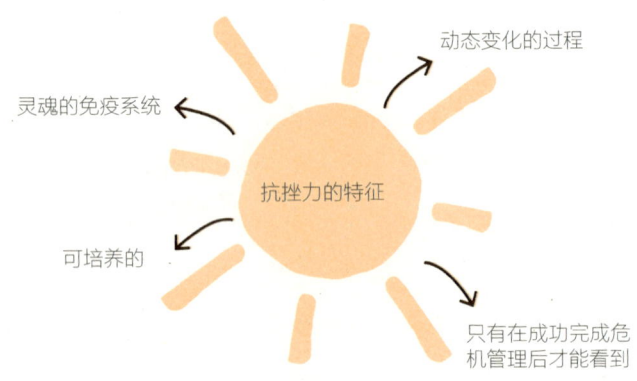

抗挫力一直处于一个动态变化的过程中。如果我们自己或我们的孩子以前没有对困难做出过坚韧不拔的反应,现在这种状态不应该持续下去。回想生活中一个对自己来说是痛苦的,而且还会继续痛苦下去的情境,也许你并没有意识到自己一直承受着痛苦,但你不能一味地忍耐下去。我总是喜欢用一个例子来解释上面的动态过程。

我想向你介绍一位年龄很大的男士,姑且叫他休伯特。休伯特56岁时失去了银行职员的工作。老年失业对许多人来说是一个十分可怕的事。不确定能否获得保障自己生活的资金，对许多人来说是一个大问题。因为除了被前雇主辞退，广撒网式的求职申请越来越多地被拒之后，人的自尊会不断受挫，通常无法让自己的内心保持冷静。通常情况下，这类问题往往会导致各类成瘾行为，酒精和抑郁会通过各种方式进入失业者的生活。不过，休伯特处于良好的精神状态。他对自己的未来保持乐观态度，接受了更进一步的培训，并且一次又一次地向潜在的雇主介绍自己，脸上还总是带着自信的微笑。在他家庭里，他能够感受到来自他心爱的妻子的支持。她在休伯特准备求职申请文件的过程中提供了支持，承担了本来应由丈夫承担的一些费用，让她的人脉发挥作用，并与休伯特一起完成了很多亲近自然的旅行。经过长时间的漫长等待，休伯特找到了一份十分适合他的工作。他与他的妻子汉内洛尔一起度过了这场危机，并且在更加紧密的关系中一起成长。休伯特从心底里感谢她的支持，并认为自己很幸运拥有这样的妻子。

几年以后，汉内洛尔死于突发心力衰竭。休伯特无法从悲痛中解脱出来。他沉迷于酒精，失去了工作，在一个夜晚，这个无家可归的流浪汉孤独地死去了。

抗挫力是动态变化的。即便我们拥有了坚韧不拔的品质，并不能保证在漫长的人生旅程中生活不会再给我们带来各种考验。

与此同时，我们通过某种特定方式无法摆脱苦难，并不意味着我们将来也无法摆脱苦难。归根结底，在充满挑战的境况下，我们可以获得哪些资源是十分重要的。抗挫力建立在各种因素相互作用的基础上。一些外部因素和内部因素可能会增强一个人的抗挫力，也可能会削弱他的抗挫力。因此，为了提高抗挫力，强烈建议你尽可能多地拥有保护性因素。

成功克服困难后抗挫力才会变得清晰可见。 另一种看法是，只有在承受压力时或者承受了压力之后，才能证明一个人当前是否拥有抗挫力。目前，研究中没有证据表明可以事先对抗挫力进行测试。遗传因素、认知能力和发展水平都是过于个体化的指标。

但是，艾米·维尔纳的研究表明，有些孩子尽管暴露于外部持续性高风险中，但他们仍然能够积极且健康地成长。当然，这些孩子以个体的形式，各自走上了不同的人生道路。尽管如此，可以确定这些孩子在很大程度上拥有不同的能力、态度和特征。上面所说的抗挫力和保护性因素被认为是可能拥有坚韧不拔品质的专属特征。因此，我们至少可以提前审视一下我们的态度和品质等。如果我们已经认识到我们的优势以及我们所面临的风险，我们应该在特殊的压力到来之前，评估我们的资源，并在必要时采取有针对性的方式来强化这些资源。

抗挫力——精神的免疫系统。 如果我们回想一下我们

导　言

到目前为止所学到的东西，我们就会发现，抗挫力就像精神的免疫系统。各种压力，例如长期的压力或对身体和心理所施加的暴力，就像病原体一样影响着我们的健康。基于个人的健康水平和个人的坚强意志，我们可以以解决问题为导向将各种资源整合到生活中，对抗"病原体"。我们可以像补充维生素和矿物质那样将尽可能多的经过研究的保护性因素，以特定的强度注入我们的生活中，以强化我们的精神免疫系统。

抗挫力是可以培养的。从抗挫力研究中得出的令人印象最深刻的结论是，精神层面的抗挫力是可以通过学习获得的，甚至是可以训练的，我们可以强化我们自己和孩子们的精神免疫系统。无论我们过去用什么样的方式生活，我们现在仍可以去识别重要的保护性因素，并将它们以充满爱的方式融入我们的生活中。即便你现在几乎没有足够的资源维持自己的状态，但并不意味着你永远无法丰富自己的资源。

整合抗挫力研究中所确定的保护性因素可能是一项工作量相当大的任务，这取决于我们在生活中所处的位置，以及在生活中我们的背包里所装的"石头"有多沉重。

强化精神的免疫系统

健康的免疫系统很大程度上得益于充足的维生素和矿物质的供应。抗挫力也是如此。在下面的内容中，我们将研究哪些营养素是以能力、特征和态度的形式出现,促进孩子培养抗挫力的。

抗挫力总是处于一个动态的过程中,通过内部和外部因素之间的相互作用显现出来。因此,除了保护性因素,我认为认识风险因素也是至关重要的。这些因素清楚地表明了什么会影响孩子内在的力量。

抗挫力

有资源可用

缺少资源

创伤和发育障碍

现在,你也许在想,你和你的孩子是否经历过从长远的角度看可能会削弱自身力量的事情。你可能想知道你的生活中会出现多少风险因素。"接受"是提高抗挫力的一个重要策略,我想和你一起看看一些让作为父母的我们最害怕的事情,这是需要勇气的——毫无疑问。只有在我们知晓并能够确定我们所面临的挑战是什么的时候,我们才有可能找到正确应对挑战的方法。下面描述了目前关于脆弱性研究的结论。

如果我们真的想培养我们自己和孩子的抗挫力,我们就必须认识到,生命没有配备"保护伞",但是我们可以使用"吹风机"、"毛巾"和"可口的热饮",帮助我们度过艰难时刻。现在,让我们一起来了解一下保护性因素。

保护性因素的概念

在考爱岛研究中,拥有抗挫力的孩子究竟具备哪些其他孩子所没有的特征?为什么他们能够应对痛苦的经历,甚至可能借助痛苦的经历而变得更加强大?艾米·维尔纳和她的团队观察到了这些孩子某些明显强大的能力、态度和特征。因此,通过这项研究和随后关于抗挫力的研究,我们可以确定这些孩子在生活变得具有挑战性时所依赖的某些因素。通过上述观察、发现,研究人员给出了被称为保护性因素的概念。这些因素在我们自己的生活和孩子的生活中必须加以强化。

根据 Rutter 行为问卷,"保护性因素"这个词的定义是:"预防性地减轻精神疾病或降低不合适的未来出现的概率,并提高正面积极的未来出现的概率的品质。"[2]

因此,当我们想要向我们的(精神)免疫系统提供支持时,保护性因素就如同我们需要摄入的维生素和矿物质一样重要。有关抗挫力探索性的研究中所揭示的某些保护性因素是具有一致性的,不受文化和样本的多样性的影响。不同的作者对这些保护性因素进行了不同方式的分类。在本书中,我们引用了克劳斯·弗罗利希-吉尔德霍夫和迈克·伦瑙-伯斯列举的武斯特曼的分类和列表。

个人资源

与儿童相关的因素:
- 有良好的气质与特征。
- 智力水平高。
- 头胎出生的孩子。
- 性别为女性。

抗挫力的因素:
- 自我感知能力。
- 自我效能感。
- 自控能力。
- 社交能力。
- 处理压力的能力。
- 解决问题的能力。

社会资源

家庭内部:
- 至少有一个稳定的照料人,能提高孩子的信任水平和自理能力。
- 专制/民主的教养方式。
- 家庭中的凝聚力，能进行稳定性和建设性的沟通。
- 兄弟姐妹关系亲密。
- 孩子在家务中承担与年龄相称的劳动。
- 父母受教育程度高。
- 父母关系和谐。
- 具有支持性的家庭网络（如亲戚、朋友、邻居）。
- 社会、经济地位高。

教育机构中：
- 有明确、透明且具有持续一贯的规则和结构，以及尊重的氛围（如关爱、尊重并认可孩子）。
- 行为标准高且合理。
- 积极强化孩子付出努力的意愿。
- 有积极的同伴/友谊关系。
- 培养孩子的基本技能。
- 与家庭和其他社会机构之间开展合作。

更广阔的社交环境中：
- 有家庭成员以外拥有能力且能帮助照料孩子的成年人，提供安全感，并扮演正面的榜样角色（如幼儿园教育工作者、教师、邻居）。

- 社区资源（如家庭教育服务、咨询中心、早期干预中心，社区工作等）。
- 良好的工作和就业机会。
- 存在着亲社会的榜样、规范和价值观。[3]

如果你意识到你的孩子只拥有或体验了其中的部分因素，请不要担心。当然，你并不需要拥有上述全部因素来应对挑战性的处境，有坚强的表现。基本上，孩子所掌握的上述因素越多，对他的抗挫力培养的帮助就越大。

对我们和孩子来说真正重要的是，当生活变得艰难时，我们和他都能拥有自我效能感和解决问题的能力，我们自己可以影响我们正在经历的事情。此时，上述某些因素的组合可以提供帮助。我们拥有的越多，我们就越容易应对挑战和危机。

研究表明，核心的、基本的保护性因素就是与照料人（成年人）建立稳定的、欣赏的和温情的关系，它对儿童健康发展的贡献最大。克劳斯·弗罗利希-吉尔德霍夫和迈克·伦璐-伯斯更进一步地引用了苏尼亚·卢塔尔所说的话：

"第一重要的信息是：
从本质上看，抗挫力是建立在关系基础上的。"[4]

导　言

　　对于一个家庭来说，没有什么比这一发现价值更大的了。现在是我们将针对大脑、人际关系的研究以及最近针对抗挫力的研究中的新发现付诸实践的时候了。

　　现在是重塑我们的家庭生活，最大限度地给予孩子无条件的爱、依赖和温暖的时候了。我们不必担心我们的孩子会被宠坏，无条件的爱从来不会"过多"。

　　这个时候，你的脑海中可能会浮现出"从天而降像神一样的父母"这个词，我也想简单地谈谈这个词。借用这个词，我们特指那些希望通过持续努力消除孩子生活中任何可能的危险的父母。上述行为的背后大多数时候代表着父母迫切想要表达的爱以及他们自己所感知到的不安全感。从我个人的角度来看，对于这些父母，应在尊重他们的前提下帮助他们建立一个可以向他们的孩子和他们自己提供安全感的环境。

　　尽管如此，我们的孩子必须被允许体验痛苦，并体验与之相关的所有情感。但是，重要的是，作为父母的我们不需要人为地制造这些痛苦时刻，也不需要主动地消除这些时刻。我们的任务是让我们的孩子去体验这些经历，并以充满爱心和可以被依靠的方式陪伴他们。

7+1 把金钥匙

　　经济和社会科学家尤塔·海勒教授在保护性因素概念的基础上提出了被称为培养抗挫力的 7 把金钥匙[5]。这几把金钥匙涵盖了来源于抗挫力研究所确定的能力、态度和特征，它们是：

1. 接受。
2. 乐观。
3. 自我效能感。
4. 承担责任。
5. 塑造关系。
6. 以解决问题为导向。
7. 规划未来。

美国心理学家凯伦·雷维奇博士和安德鲁·沙特已经对可以促进我们培养抗挫力的7把金钥匙进行了探讨。

在我的儿童教育学的学位论文中，我在定性研究中发现，在某些条件下，可以使用另一把来源于保护性因素的金钥匙。在我的工作中，我根据来询的父母及其子女的需要调整了培养抗挫力金钥匙的概念，额外增加了一把金钥匙：

8. 顺应变化。

在下文中，我将详细介绍每把金钥匙，并分享一些我的咨询工作中的内容。这样你就可以看到其他父母是如何将这些策略融入他们的生活中的，以及这些金钥匙使他们有了什么样的改变。

不过，我们必须先看看风险因素这个概念。

风险因素

与心理学家克劳斯·弗罗利希-吉尔德霍夫教授和教育家迈克·伦瑙-伯斯教授一样,在下文中我想直接借用霍尔特曼和施密特对风险因素的定义[6]:

"能够导致疾病、风险增加以及抑制个人发展等,可能对儿童的健康发展构成威胁的因素。"[7]

因此,我们可以得出结论,在生活中存在着某些可能会损害孩子健康发展的因素。这看起来是显而易见的。毕竟,谁不知道父母滥用药物对孩子来说是一种危险的行为,同时也是一个反面的例子呢?尽管如此,我认为进行更仔细的观察并接受存在内在的抗压能力是十分合理的。

在这一点上,我想非常明确地指出:本书中所列出的风险因素会妨碍孩子心理和身体的健康发展,但是没有必要一惊一乍的。另外,如果孩子已经接触过其中的几个风险因素,也并不一定意味着孩子肯定会比其他人拥有更高的抗挫力。在下文中,你可能会认识到你自己真实的家庭状况更多时候并不是你想要的那样。是的,此时你需要给予更多关注,但这并不能成为你绝望的理由。抗挫力现在是,将来仍然是处于一个动态变化的过程的,最重要的是,它可以通过训练和培养而获得。

在许多家庭中,风险因素往往是在潜意识中存在的。例如,长期的家庭不和谐会给所有家庭成员都带来沉重的负担。如果没有认识到这一点，并且没有足够的资源用于调节，就应特别小心。我们生活在一个快节奏、以绩效为导向的社会，我们也知道有许多充满压力的境况存在，但由于各种原因，我们往往不敢真正地认真面对。有时没有时间，有时缺少认知，有时没有勇气。我们往往无法认识到所谓的琐碎小事可能带来的风险。所以，尽管有些琐事可能会让人不舒服，但我认为付出时间去处理仍然是非常重要的。因为我们确信，如果父母离婚了，孩子可能会深受影响。

我邀请你从目标导向中一步一步走出来，对什么是什么或不是什么有一个全新的认识。

儿童的脆弱性因素（脆弱性 = 易感性）包括生物学方面的特征和心理学方面的特征。在本书中，我们对从出生开始就在孩子的生活中发挥作用的原发性脆弱性因素，与孩子从他所处的环境中获得的继发性脆弱性因素进行了区分。

这对作为父母的我们来说，是特别激动人心的事情。教育心理学教授科里纳·乌斯特曼－塞勒博士认为，需要特别关注孩子的家庭和他所处的社会环境。[8]

对我们来说，这就十分明确地意味着，作为父母的我们融入家庭的各种因素，或者塑造了孩子的脆弱心理，或者培养了他的抗挫力。

此外，曼海姆风险儿童研究还清楚地证明，在每个

导　言

儿童生命形成的那刻起，原发性脆弱性因素在儿童健康发展中，所发挥的决定性作用不如继发性脆弱性因素的作用大。[9] 这是多么重要的发现啊！

我们陪伴孩子的方式，孩子所建立的人际关系，他学习到的应对压力的策略，以及他成长所处的社会环境，都蕴含着巨大的力量。虽然我们在本书中讨论的是风险因素，但是伴随着风险，我们还可以获得巨大的机遇！

事实上，当我们认识到我们所处的起点位置，以及我们的孩子和我们自己曾经或正在面对的风险因素时，我们就会重新担起某些个人责任。因为我们一旦发现了风险，就应该去寻找可能的应对策略。如果我们做到了，我们就能够对培养抗挫力提供保障。

武斯特曼（Wustmann）的风险因素清单

原发性脆弱性因素包括：

— 产前、产中和产后因素（如早产、分娩并发症、出生时体重低、营养不良、有各种婴儿疾病）。
— 神经心理学障碍。
— 心理和生理因素（如非常差的运动能力）。
— 遗传因素（如染色体异常）。
— 慢性疾病（如哮喘、神经性皮炎、癌症、严重的心脏缺陷、脑部的器质性损伤）。
— 难以和睦相处的气质特征（如早期的冲动行为，

注意力高度不集中）。
- 认知能力水平低（如智商低,有感知能力缺陷,认知信息处理水平低）。

继发性脆弱性因素包括:
- 没有与组织建立牢固的关系。
- 自我调节能力低下。

风险因素/压力来源:
- 社会、经济地位低,长期贫困。
- 生活环境（如居住区犯罪率高）令人难以忍受。
- 家庭关系长期不和睦。
- 父母分居或离婚。
- 父母一方或双方存在酒精和药物滥用等精神方面障碍或疾病。
- 父母有犯罪记录。
- 无家可归。
- 父母受教育程度低。
- 父母缺失/单亲父母育儿方法存在缺陷/育儿方法不合理（如说话前后不一,拒绝抚养或有不一致的育儿行为,父母在育儿方法方面的意见不统一,经常体罚孩子,不关注孩子/漠不关心,敏感性和响应性缺失）。

导言

- 父母育儿年龄过低（低于18岁）。
- 意外怀孕，频繁搬家，更换学校。
- 移民背景与社会、经济地位低的情况共存。
- 家庭在社会中处于孤立地位。
- 失去兄弟姐妹或亲密朋友。
- 兄弟姐妹有残疾，存在学习或行为障碍。
- 兄弟姐妹数量超过4个。
- 被同龄人欺负/在家庭外住宿。[10]

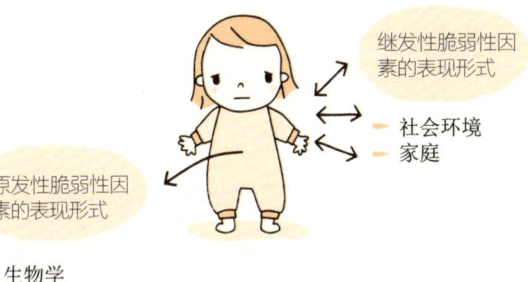

继发性脆弱性因素的表现形式

社会环境
家庭

原发性脆弱性因素的表现形式

- 生物学
- 自孩子出生就存在

家庭风险因素

不得不承认，这份清单不是一份简单的清单。无论你本人或者孩子在多大程度上受到上面所说的风险因素中的一个或多个因素的影响，看起来可能都是很吓人的。但是，其实也没有什么可怕的。在任何情况下，以充满爱心的方式处理恐惧是培养抗挫力的一个重要方法。现在，我将其融合到我的书中。如果你发现上述因素中的一个或多个因素适用于你，你可能就会感觉到自己困难时期的回忆被唤醒了。或许你会对上面所说的因素成为你自己故事的一部分感到难过，或许你担心你可能把这些因素的负面影响带到孩子的童年中。在本书中，恐惧、悲伤、愤怒和受挫感都是被允许的。重要的不是这些负面情绪是否仍然存在，而是我们如何处理这些情绪。

　　如果你觉得这些正好是你所感受到的，那就放下你所有的担忧吧。就像其他情绪一样，消极的情绪其实在向你展示一种需求。这些感觉可以成为你的灯塔，照亮你通往真理和寻找内在力量的道路。对于你个人来说，让你的孩子在拥有强大的内在力量的条件下成长是非常重要的，你想要建立能够获得这种内在力量的框架结构。

　　当认识到你可能让你的孩子暴露在一个或多个风险因素和压力来源之中的时候，这是一种多么可怕的感觉。这时，你不应该寻找可以尽快消除这种感觉的方法，也不应该迷失在你对过去的回忆之中。重要的是，你必须认识到这些因素是什么，并寻找一种不同于以往的方法对此时此地的你以及孩子的未来进行塑造。如果你觉得自己在上述情绪中迷失了方向，请去寻求治疗师的专业指导。为了方便你理解，我想再次回顾一下风险因素的不同特征，并向你证明，风险因素并不是决定性因素，起决定作用的是你如何处理风险因素。

承受压力的持续时间

抗挫力

什么是决定性的？

风险

什么时候会变成一个问题？

事件的发生顺序

主观评价

孩子的年龄和压力水平

压力的蓄积和压力出现的频率

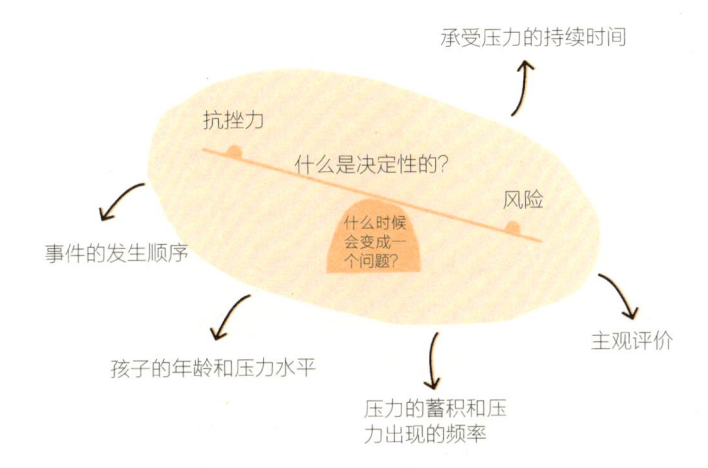

压力的蓄积

抗挫力研究证实了以下合乎逻辑的结论：孩子生活中出现的风险因素越多，他的内在力量就越有可能无法抵抗相应的压力，进而发展成个人发展障碍或适应能力障碍。Rutter 的一项研究表明，4 个同时出现的风险因素造成持续负面影响的可能性是单个因素的 10 倍。[11] 因此，我们可以得出结论，风险因素的累加可能比因素本身更加重要。例如，如果你的孩子正在经历你与配偶的离婚事件，他可以通过与祖父母、朋友之间的牢固关系，以及通过在体育俱乐部的自我效能感的体验，很好地抵抗这个压力。

承受压力的持续时间

承受压力的持续时间也明显地影响着我们的内在力量。我们面对挑战的时间越长，我们和孩子最终就越有可能变得气喘吁吁，疲于应对。因此，相对于一次性暂时的挑战而言，应对长期的贫困可能需要更多的内在力量。作为父母，我们应该采取行动。如果我们在我们或孩子的生活中观察到一个风险因素，我们可以寻找各种方式消除这个因素，或者找到以解决问题和发现机遇为导向的策略处理这个因素。说起来很容易做起来难。本书介绍的"承担责任"和"以解决问题为导向"这2把金钥匙，以及相应的具体建议，可以帮助你度过具有挑战性的阶段。

对风险所造成的压力的主观评价

我们主观上对一个风险因素进行评价的方式也发挥着至关重要的作用。因此，两个人面对相同的风险因素，因其生活经历不同，对风险因素所造成的压力会有完全不同的感受。例如，一对父母分居，有的孩子可能会认为这很好，因为无休止的吵闹终于结束了。而对于另一个孩子来说，失去父母某一方是很重大的事情。在抗挫力研究中，这种风险因素影响的潜在差异被称为"结局的多面性"。

脆弱性升高的阶段

一个风险因素——甚至几个风险因素——是否真的

对孩子的成长造成不良影响，在很大程度上取决于孩子所处的成长阶段。孩子在成长的过程中，需要经历几个容易受到风险因素影响的阶段。根据克劳斯·弗罗利希-吉尔德霍夫和迈克·伦瑙-伯斯的观点，我们将这些阶段称为"脆弱性升高的阶段"。这些阶段包括所谓的过渡阶段，例如，更换幼儿园或刚刚进入学校。在这种特殊情况下，孩子同时面临着许多要求，他们必须拥有足够强大的内在力量来应对这些要求所造成的压力。在这些阶段，孩子睡眠可能不安稳，并且比平时更喜欢待在你的身边。

如果在这些阶段风险因素增加，孩子的健康发展受到干扰的可能性就会增加。作为一名家长，你也可能要以特别具有挑战性的方式应对这些转变。你需要提供安全感，同时给孩子必要的空间和自由。你同时还需要处理许多内心的波动。

依恋关系

英国精神分析学家、儿童精神病学家约翰·鲍尔比提出了依恋关系理论。约翰·鲍尔比工作的内容之一是了解家庭对儿童成长的实际作用，了解不同的家庭互动模式，并研究跨代际传递的依恋关系。

我想在下面的列表中向你展示鲍尔比所定义的3种依恋关系，并向你展示我们的育儿行为对孩子的影响。

"有安全感"的依恋关系

被依恋的人的行为表现：
- 情绪稳定且平易近人。
- 可提供帮助。
- 对儿童发出的信号做出敏锐的反应。
- 有同理心。

儿童的特征：
- 有幸福感。
- 能以公正和现实的方式处理压力。
- 具有适应和调整压力的能力。
- 能在不安全的情况下拥有行动能力和获得帮助。
- 接受帮助。
- 信任所依恋的人。

对个人成长的影响：
- 根据情绪抑制假说，有更高的对压力的耐受能力（有安全感的依恋关系可以抑制后续可能出现的焦虑）。
- 有社交能力。
- 有友谊等情感。
- 有现实且积极的自我形象。

"没有安全感（应该避免）"的依恋关系

被依恋的人的行为表现：
- 频繁地拒绝。
- 有虐待行为。
- 有隐匿性的敌意。
- 缺乏敏锐的知觉，无法感知过度刺激。

儿童的特征：
- 情感压抑。
- 回避亲近和依恋关系。
- 自己的期望被拒绝。
- 在有压力情况下有不安全感。
- 对更亲密关系的渴望被拒绝。
- 对人有不信任感。
- 将注意力转移到物上。

对个人成长的影响：
- 在有压力情况下会出现不稳定状态或固执现象。（由于情感融入不足和情感中缺少顺应变化的心态，产生不安全感，抗挫力降低。）
- 对自己不满意。
- 焦虑。
- 有无助感。

- 有更频繁的攻击性行为。
- 社会关系构建中存在问题。
- 有常见的人格障碍。
- 抑郁。

"没有安全感（矛盾）"的依恋关系

被依恋的人的行为表现：
- 表里不一。
- 令人捉摸不透，交替出现帮助别人、平易近人和不屑一顾的行为。
- 在令人期待和失望之间不断变化。
- 威胁会遗弃对方。

儿童的特征：
- 更容易沮丧和暴躁易怒。
- 有分离焦虑。
- 探索行为减少。
- 在依恋和拒绝接触之间不断变化。
- 有控制所依恋的人的倾向和对受到关注的持续需求。
- 妥协意愿低。

对个人成长的影响：
- 在有压力情况下会出现不稳定状态或固执现象。

导　言

（由于情感融入不足和情感中缺少顺应变化的心态，产生不安全感，抗挫力降低。）
- 对自己不满意。
- 焦虑。
- 有无助感。
- 有更频繁的攻击性行为。
- 社会关系构建中存在问题。

什么样的育儿方式可以提供安全感和舒适感

专制型育儿方式认为，父母在道德上是至高无上的。孩子被认为是一个空的容器，需要被填塞，孩子必须适应、服从父母。在一个专治、服从和权利被视为重要价值观的家庭中，纪律和惩罚是不可或缺的部分。

逆专制型（放纵型）育儿方式与专制型育儿方式正好相反，在这种方式下孩子不会受到惩罚，但也不会提出什么要求让孩子去做。父母秉持的观点是，应该把孩子的自由放到第一位。在这种情况下，父母对孩子的引导是完全缺位的。在父母看来，孩子高于父母，一切都是被上天安排好的，孩子可以在尽可能自由的状态下探索这个世界。当然，这个方式有点超现代，父母想让孩子自由发展，但给孩子的感觉是父母不负责任。显然，孩子是需要有人引导的，因为引导能够为他提供安全感和舒适感。充满爱意的引导给孩子提供了一个在这个庞大的未知世界中清晰的可管理的框架。理所当然，孩子首先必须在这个世界中找到属于自己的路。他必须完成许多成长过程中的任务，同时他必须跟上环境的快节奏，这些都需要来自可依赖的父母提供的充满爱意的指导及安全感。

从上文描述的观察中得出的结论将引导我们偏向选择<u>专制型的育儿方式</u>。你可能会希望还有另一种育儿方式，孩子与父母在平等的基础上生活，同时感受到充满爱的指导。不过，这样仍然会造成某些后果。

确定方向而不是命令指挥

每个家庭都是独立的，每位母亲、每个孩子、每位父亲都是独立的个体，每个兄弟姐妹都是独一无二的，一个家庭中每个人的生活空间也都是独一无二的……这个清单可以无限写下去。一切都必须在相应的背景条件下进行考虑。尽管如此，我认为将鲍尔比的依恋关系理论和对3种育儿方式的描述作为行动参考对我们来说仍然是十分有用的。

我想向你明确地指出，如果我们想要提高我们自己，特别是我们孩子的抗挫力，就不能继续允许惩罚、专治和剥夺爱等育儿方式成为我们家庭生活的一部分。通过人为地为孩子创造充满压力的情境，让孩子"咬着牙挺过来"，有意识地让孩子变得坚强，通常是行不通的。让我们来了解一下关于大脑的研究。在伟大的著作《童年风险》(*Risiko*

导 言

Kindheit）中，神经生物学家妮可·斯特吕伯博士描述了早期的童年经历如何影响我们的大脑：

"出生后，最开始的时候神经细胞相互之间的连接是过度的。现在，由经验决定保留哪些神经细胞之间的连接。根据经验反复使用的连接逐渐稳定下来，用于创建永久性连接。而从未使用过的连接将被消除……取决于经验类型的不同，建立的连接会不同。因此，如果一个孩子一次又一次地体验到烘焙圣诞饼干与一种美好的感觉联系在一起的感觉，那么这个孩子这种独一无二的连接还可能会在以后的生活中帮助他拓展出相应的偏好。

神经细胞连接同样也构成了某些技能的基础，如运动、骑行自行车及情感技能（如认识自己）。可以通过经常使用这些技能，对连接进行稳定化，进而在以后有高效率的表现。"[12]

因此，神经生物学也证实了父母的可依赖水平对孩子的影响。当我们不断给予孩子安全感和舒适感的时候，这种连接就构成安全感和内在力量的源泉，在孩子的大脑中留下了永久的印象。如果我们肆意惩罚孩子或未给予足够的爱，就会削弱这种连接，使我们的孩子较难发展出可持续的、安全的依恋关系。

共同面对而不是单打独斗

也许你在自己的生活中曾经经历过这样的情况：你

以前曾经爱过一个人，却因为他的欺骗、谎言或傲慢而变得极度失望，那么这很可能无法让你在彼此关系中有安全感。失恋的痛苦经历并没有让你在面对你的下一次恋爱关系中变得更坚强，反而可能会让你内心产生持续性的恐惧。如果你把同一条腿弄断3次，你的骨头不会变得更强壮；如果你一个人孤独地单思想了4次，你不可能会觉得自己更加自由了。有意识地为孩子创造压力环境并不能使他变得更加强大。

相反，这种环境对他的个人发展构成了风险。反倒可能使你更加难以建立起具有安全感的陪伴模式。然而，正是这种模式所提供的安全感是孩子所需的缓冲，在孩子真正遇到困难的时候它就会变成一种资源。

也许你会想："是的，我变得更坚强了！我心碎的单相思经历告诉我，我也能够做到这一点。""我的孩子不得不接受大手术这件事强化了我们家庭的力量。我们团结在一起，给予孩子很好的照料。""当我把孩子送到幼儿园时，我的孩子总是尖叫并且哭得很凄惨。老师们却说，当我不在的时候，他反倒表现得很好。这表明孩子有时必须经历痛苦，才能学会挑起生活的重担。"是的，克服挑战的感觉太棒了！我们体验到了自我效能感，这是一个重要的抗挫力因素，我将在本书后面的章节中进行更加详细的介绍。在上文描述的例子中，正是这种自我效能感，使得孩子和父母感觉到充满了能量。不是手术，不是心碎的单

导　言

相思，也不是分离，确保了内在力量的强大。家庭中的爱心、强有力的团结，能够帮助我们度过手术前后的困难阶段，能够强化抗挫力。挑战本身就是我们需要获得这些资源的原因，而这些挑战自然而然地会来到我们的身边。作为父母，我们不需要人为地创造挑战。我们不必推着我们的孩子孤单地陷入任何困境，希望困境能让他们变得坚强。

　　我们所要做的只是让我们的孩子相信，他们不能百分之百地依赖父母的慈爱并由父母提供可靠的保护。

　　认识到这一点可能是痛苦的，特别是当我们信奉原有的观点已多年时。我认为，上述行为背后的真实意图是强化孩子的生活能力，为面对"外面的世界"做好准备。同时，这也是让作为父母的我们特别激动的地方。在生活中，我们几乎从没有被要求十分明确地质疑我们自己的行为和理念：这个世界真的像我所体验到的那么艰难吗？我的孩子同样也能适应吗？我现在的所作所为是合理的吗？为什么我的潜意识和我内心想的完全不同？

　　如果你试图以让孩子在充满挑战性的境况下独自面对困境的方式使他变得坚强，或者甚至自己人为地创造这些境况，那么这种经历很可能也会与你自己的童年生活相似。如果你经常感到缺乏安全感，认为这个世界是非常危险的，那么你很可能在童年时就已经形成了这种理念。

　　如果你在专制或逆专制的育儿方式中长大，你可能会这样做，因为这种理念已深深扎根于你的脑海中，而且对你来说，这看起来是唯一可行的路。

你可能还在努力取悦你的父母，因为当你还是个孩子的时候，你就知道这是获得认可、爱和关心的唯一途径。不论是哪种情况，你现在手里正捧着本书，这对你想要强化孩子面对生活的能力来说十分重要。

我们已经看到了哪些因素不是孩子塑造内在力量所需要的因素。在某种程度上，你可能已经意识到，你在家庭生活中的一些态度和行为，可能无法让孩子获得内在力量，它们只是让你获得了屈服于痛苦、单纯发泄沮丧的机会。打开一个空间，让自己感受到（也许还是第一次）你对所发生的事情的愤怒和悲哀。体会到这种感觉是帮助我们应对挑战非常重要的步骤。真正认识到我们自己对待孩子的态度可能会对孩子的发展构成风险本身就是一个巨大的挑战。但只有当你获得了关于你所做的一切以及你父母所做的一切的真实认知后，你才能真正走上一条新的道路。你现在可能有一股剧烈的混合着愤怒和悲伤的复杂感觉，"我父母怎么可能这样对我？"或者"我当时怎么可能那么听从我父母的话？"这样的想法可能会同时出现。也许你会对自己、对自己的父母以及对这个社会感到愤懑，竟然给孩子带来了如此多的痛苦，尽管苦难会使孩子变得坚强，但最终结果也伤害了他。

内疚与羞耻

我十分了解这种情绪的混乱。从我们开始反思自己和我们自己的童年的那一刻起,我们可能就非常痛苦和困惑。当我在大约21岁的时候开始学习教育研究方面的课程时,我被要求反思哪些因素塑造了我自己的童年,我能从自己身上看到什么样的依恋关系,以及我想以什么方式陪伴我的孩子,我内心中开启了一个深刻的反思过程。

我意识到我自己的童年经历并不是那么美好,而且我必须拥有某种力量或资源,使我能够从容应对严峻的挑战,如父母的分离、长期的家庭不和以及幼儿园中所经历的身心虐待。我生气,我伤心,我也很困惑。我脑海里充满愤怒的想法,例如,"我为什么要承受痛苦?现实中成年人怎么可以那么不公平?不,我绝对不想忍受那些阶段的痛苦和苦难,我想走一条新的道路,但怎么才能做到呢?"

所有这些问题,我都问过自己。获得一个对我的童年、我的信念和态度的全新认识的过程是痛苦的,同时也是能够解放自我的。对我们中的一些人来说,这个过程是在大学校园里开始的,或者是从妊娠检查结果为阳性开始的。对一些人来说,这些问题是伴随着第一个孩子的出生出现的,对于另一些人来说,这些问题是伴随着阅读一本特定的书而出现的。教育研究科学家苏珊娜·米劳以一种非常激动人心的方式描述了这一过程:

"成为母亲通常可以被定义为一条新的道路的起点。

但实际上，前行和同时回头反思是一个高度复杂且需要技术的活儿。事实上，当我们在刚刚进入我们生活的小家伙的陪伴下继续我们的生活，并为我们的家庭寻找正确的道路时，我们发现自己同时也在回头看，因为我们为家庭的未来所寻找的道路一次又一次地将我们引导到与我们的过去抗争的境地。过上作为母亲的生活意味着每天都需要面对未来的要求以及过去对现在的影响。"[13]

我认为这也同样适用于父亲、姑姑、叔叔，以及任何可能陪伴孩子生活的人。很显然，我们需要以清醒的眼光看待我们自己的过去。尽管这可能是不愉快的、悲伤的和令人困惑的，但如果我们想要陪伴我们的孩子走进一个充满内在力量的生活，在生活中为他提供安全的港湾，我们就必须更好地了解自己。沉迷于将我们自己的痛苦归咎于我们的父母或其他影响我们生活的人，只会让我们在痛苦的恶性循环中跌得更惨。"受伤的人伤害他人"是一句著名的谚语，意思是如果我们不能有意识地正视痛苦，我们就会将痛苦传递给他人。将痛苦归咎于他人的模式一次又一次地给人带来新的痛苦，我想帮助你摆脱痛苦。

请你给自己一个空间，用于表达你的悲伤和愤怒。允许这些感觉存在，如果你愿意，与你的同伴沟通交流。你并不是孤立无援的。无论是在我自己的生活中，还是在我的咨询工作经历中，我都一次又一次地体验到了这些感受。但是，如果你坚持一直保留着这些感受，你就会沉浸在一种受害者的状态中,很难甚至不可能把自己的生活掌握在自己的手中,真正地活出自己的价值。

我知道你可能对你的父母抱有巨大的失望、愤怒或受挫等感觉(取决于你在童年的经历)。我可以理解你。尽管如此,在这方面,最有可能对你自己和你的孩子提供帮助的是进入满怀爱心的接受状态。

当你认识到你的内心中存在一个由你的父母和你的祖父母等人传递给你的行为模式,你才有可能打破这个循环。有时,贯穿家族世代的"红线"是童年创伤的重要因素,如被虐待和忽视以及诸如战争所带来的灾难等。

看看下面的问题是否能帮助你对你的父母及祖父母进行研究:你父母是在什么条件下长大的?你的祖父母是如何度过童年的?……特别是在德国,我们都曾经遭遇过严重的战争创伤。

我的祖母目睹了玩伴的死亡,甚至她自己也几乎失去生命。6岁时,她独自一个人被从柏林这座大城市送到乡下的一个不怎么慈爱的寄养家庭,以使她不至于每天暴露在冰雹似的炮弹中。她的母亲非常想念她,不清楚自己是否能够再见到女儿。因此,每当有人离开家时,"好好照顾自己"这句话在我家族中一直延续到今日。当我还是个孩子的时候,当我听到这句话时,我有一种不安全感。这个世界不是很安全吗?我需要担心我自己再也见不到妈妈了吗?对于一个童年不存在战争的人来说,这句话很难理解。

这句话的真实意图建立在深厚的爱和连结的基础之上。当我们开始研究的时候，经常会听到受到过伤害或惊吓的孩子的故事，以及充满爱的故事。我们正处于一个转折点，为了理解我们能够走上一条新的、充满爱且安全的道路，我们已经花费了太长时间。回顾历史是有意义的。在一篇关于纳粹育儿方式对我们产生的影响的文章中，安妮·克拉泽[14]描述了纳粹医生约翰娜·哈勒向年轻的母亲们表达的她的态度。

约翰娜·哈勒在其1934年首次出版的《德国母亲和她的第一个孩子》(*Die deutsche Mutter und ihr erstes Kind*)一书中写道："最好让孩子独自待在一个房间里。如果孩子开始尖叫或哭泣，不要管他，不要尝试着把孩子从床上抱起来，颠他，扶着他站起来或把他抱在腿上，也不要去哺乳他。否则，孩子很快就会意识到，他只需要尖叫就能召唤出一个富有同情心的人，自己会成为关怀的对象。以后他就会把这当作一种权利，将会无休止地哭闹，直到自己再次被抱起或扶起来——这个虽然小但无情的家庭暴君就会把一切都搞砸了！"

我们已经了解到，这种育儿方式除了赋予孩子生命，什么都没有做。克拉泽说：约翰娜·哈勒的目标是通过借鉴阿道夫·希特勒的理念，将孩子塑造成坚定的追随者和士兵。《德国母亲和她的第一个孩子》持续重印，1987年，慕尼黑的格伯出版社最后一次以"删减版本"形式出版了

导 言

该书。根据出版商的消息，当时的总发行量为 123.1 万本！[15]

现在你可以想象这样一本书会对我们的社会产生什么样的影响了吧。母亲们怀着最美好的意愿，将她们所学到的知识代代相传。毕竟，这本书是一本"公众认可"的书，是一名女医生写的！

在这个女医生撰写的这本书的第一版刚出版的时候，质疑这本书背后的意识形态可能不是一个特别好的想法，当然也不需要在这里做更进一步的详细解释。此外，还有诸如战争、贫穷、孤独和长期焦虑等灾难性情况。因此，我们应该认识到，过去孩子所遭受的所有伤害和虐待会一直延续到今天。因为我们的母亲、祖母甚至她们的母亲自己就在传递这些精神上的伤害，她们在能力范围内做了自己认为最好的事。

家庭保护因素

身处 21 世纪，我们已经拥有了一些宝贵的认识，我们开始考虑我们自己和我们的孩子真正需要的究竟是什么。我们怎样做才能对我们的孩子提供支持，使得他快乐成长，成为自由且内心坚强的人？如果我们自己不能走好这条路，我们怎么能陪伴自己的孩子走好这条路呢？有一件事是肯定的：无论我们做什么，我们肯定都会犯错误。

我们正处于代际关系的转折点。我们中的许多人已经意识到，专治和剥夺爱不应出现在我们孩子未来的生活中。虽然，这些可能是我们自己成长经历的一部分。从惩罚和惩戒转变为完美的亲近以及关怀，是我们今生难以实现的理想。

因此，我想请大家从期待完美中解脱出来，没有一个父母是不会犯错误的。但作为父母的我们该如何看待我们自己的所作所为？我们是否会真诚地向我们的孩子道歉？

尽管我们自己在父母过于严厉的管教下承受了巨大的痛苦，但我们能够成功地以充满爱心的方式引导我们的孩子吗？如果我们敢于以充满爱的心态去质疑过去和现在的一切，我们将为下一代的成长提供一个良好的环境。

欺凌

慈爱父母，温暖的家
➤ 平等
➤ 欣赏
➤ 同理心

至此，我们可以了解到，不可靠的关系、身体和心理上蒙受的暴力和忽视可能会对我们和我们的孩子造成永久性的伤害。反过来，一个充满爱意和可靠的关系意味着什么？

让我们再次谈谈单相思。想象一下，你真的被背叛了。你的心彻底碎了，现在坐在电视机前，捧着一盒巧克力，盖着一条毯子，听着电影《泰坦尼克号》中的主题曲，抽泣着，你的感觉是什么样的？

现在再想象一下同样的事情。你被背叛了。你的心彻底碎了，现在坐在电视机前，捧着一盒巧克力，盖着一条毛毯，电视里播放着《泰坦尼克号》，你最好的朋友坐在你旁边。她在倾听你的哭诉，取消了自己的约会，为你腾出了时间，带来了巧克力。你现在的感觉又是什么样的？

父母是汹涌波涛中可以立足的那块礁石

一个充满爱且可靠的关系所蕴藏的力量是巨大的。我们生命中只要有一个人能帮助我们走出痛苦，不再停留在苦难中，就足够了。作为父母，我们可以成为我们孩子的那个人吗？我们能够成为资源、缓冲带、安全网，在生活出现苦难的时候把我们的孩子保护起来吗？

所有这些都是可以的，即使你自己小时候拥有的是迥然不同的经历，即便你已经犯了错误。有一点是肯定的，我们采用的育儿方式将塑造孩子的生活，我们面对生活的态度将对孩子产生巨大的影响。

在本书后面实践部分中，我将向你提供关于培养抗挫力8把金钥匙的详细介绍和经验。你不但可以学会如何在没有压力的情况下将抗挫力研究中的全部保护性因素融入孩子的生活中，还将学会如何将其融入自己的生活中。

如果你从来没有体验过与父母之间可靠且充满爱心的依恋关系，或者由于职业压力或长期压力而一次又一次地触碰到你自己个人的极限,那么对你的孩子,最重要的是对你自己,保持同情心是很重要的。在这种情况下,不应忘记用于描述照顾日常生活所造成的心理负担的一个词——精神压力。在照顾家庭、孩子和组织家庭聚会方面,女性和母亲角色仍然经常承担着大部分工作。这给母亲带来了相当大的精神压力,而这种压力往往是看不见的。帕特里夏·卡马拉塔在她的书《走出精神压力的陷阱》(*Rausaus der Mental Load-Falle*)中重点阐述了这一点[16]。

同时,非常重要的是,我想提醒你,我们都是在我们自己非常个体化的人生旅程中走完自己的一生的。没有一条正确的路线,能够保证孩子一定会获得快乐的童年。你无法在这本书里找到这条道路,你也不可能在任何其他书里找到这条道路。

你的家庭是十分个性化的。你的优势、你的经历、你所处的环境和你的喜好都是十分个体化的。每一条建议,都是对研究结果的一般应用,在某种情况下也都可以看成一个错觉。

通往目标的道路

下面你将会更详细地了解培养抗挫力的 8 把金钥匙,它们将陪伴你并给予你支持,但是它们无法阻止你犯错。更重要的是,当你犯错和遇到挑战时,应该增强你自己和你的孩子的力量。这就是 8 把培养抗挫力的金钥匙非常有

导 言

用的原因。

请把所有能够为你和孩子提供帮助的东西从我给你的工具箱中拿出来,但留下任何不适合的东西。重要提示:如果你注意到某些训练内容会在你内心激起一些你不能或不想独自面对的东西,我强烈建议你寻求专业人士的帮助。

我希望你能找到自己的道路,让自己面对生活中的坎坷,1次、2次、3次,甚至跌倒7次,然后在第8次站起来。

充满内在的力量并鼓起勇气牵着你的孩子度过每日的家庭生活吧。

培养抗挫力的 8 把金钥匙

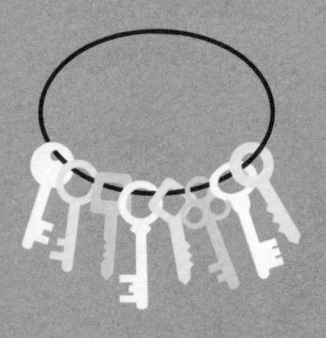

1. 接受——与生活保持一致

> "真相从本质上看是显而易见的。
> 只要你把围绕在其周围却被忽略的蜘蛛网去掉，
> 就会显露出其真实面目。"
>
> 圣雄甘地

增强你自己和孩子内心力量的第 1 把金钥匙被称为"接受"。为了真正应对挑战，我们必须首先认识并接受挑战，我们需要以负责任的态度看清事实并面对事实。我承认做到这些可能非常困难，因为做到这些需要勇气，有时甚至会让我们直接面对痛苦。现在一切看起来都比以前更糟了。但罗伯特·弗罗斯特在他的诗《仆人之仆人》（*A Servant to Servants*）中写道："只有通过才是出路。"它描述了作为父母的我们在文化与历史的变化中所经历的最重要的过程之一。为了充分开发我们内在的力量，走出一条与孩子步调一致且充满爱的道路，我们必须接受我们的母亲以及我们的外祖母已经走过的完全不同的道路——在某些情况下，我们其实也走了一条不同的道路。只有这样有意识地直面自己、自己的历史并从中获得认知，才有可能对育儿过程有清醒的认识。在下文中，我将向你介绍一位妈妈的故事，在我的咨询实践中，我陪伴她一起进行抗挫力的训练。她体验了"接受"这把金钥匙，走出了痛苦，获得了自由。

来自咨询时段的实例：我的童年不是这样的……

♥蒂尔达在一个安静的小镇中长大，她和她的父母以及她的两个兄妹一起住在小镇上一个漂亮的带花园的房子里。她喜欢骑着自行车到附近的小树林里和她的朋友们约会。她的父母今天仍然还在一起生活。她和她的两个兄妹都从高中毕业，并各自完成了一个学位的学习。没有发生过什么不好的事情，甚至没有出现过比较激烈的争吵或类似的事情。蒂尔达认为她的童年是安全的，和平的，直到她自己成了母亲。从妊娠检查结果变为阳性的那一天开始，一种她以前从未有过的感觉在她身上蔓延开来。每当她想到自己要当妈妈的时候，她就感到不安和不适。在她告诉父母自己怀孕的那天（当时她25岁），这种感觉变得更加强烈。她的父母小心地做出了回应。他们彬彬有礼、友好，但态度冷漠。她早就从父母平时的言行中知道他们就是那种类型的人。到目前为止，她只是把这种表现解释为内向，但这次感觉不同了。"你们好，我要当妈妈了！"她心里期待着获得一些同情和喜悦！"我要当奶奶了！"这是蒂尔达的母亲说的第一句话，也是唯一的一句话。蒂尔达带着一种奇怪的感觉回家了。当她在怀孕过程中面对艰难的生活环境，希望从父母那里得到充满爱的邀请并允许她回家住到客房时，她失望了。只有在她发出压抑的呻吟时，她的父亲才发出邀请，但同时询问这种特殊情况需要持续多长时间。然后又来了——一种绝望、悲伤、愤怒和抗议混合在一起的感觉。蒂尔达很困惑，这种状况一直持续到她生下孩子的那一天。

经过36小时的分娩，蒂尔达完全筋疲力尽了。她躺在一家诊所的家庭病床上，怀里抱着她的小宝宝并依偎在自己的丈夫身上。她的宝宝在大声哭闹，从出生的那一刻起，除依偎在她的胸前吃奶的时候之外，总在不停地哭。蒂尔达原本很想在孩子出生后的前3天里和她的丈夫以及她漂亮的宝宝单独在医院里度过。在那里，他们将得到很好的照顾，蒂尔达和她的丈夫能够不断了解他们的孩子，并在家庭中找到自己的新位置。

蒂尔达的父母语气生硬地问他们，什么时候才能见到他们的孙子。蒂尔达不想让她的父母失望，"不让他们来他们一定会失望的"，她就邀请父母到医院来。当她的宝宝能放下睡觉而不是依偎在她的胸前吃奶时，她起身去洗手间，有人敲门。蒂尔达的父母拿着一瓶酒和巧克力站在那里。他们坐在床边，根本没有注意到这里需要保持安静。蒂尔达希望妈妈别用那么大的劲儿坐到床上，以免发出大的声音。她现在只想上厕所，小憩一会儿。但现在她的父母坐在这里，等待蒂尔达把孩子递给他们，然后拍照片。蒂尔达已经没有力气了。她的父母只跟她进行了一段十分敷衍的闲聊，大约 20 分钟后就道别离开了。

　　晚上，蒂尔达接到电话，丈夫指责她不知道怎么照顾孩子，甚至还指责了新晋的外祖父母——这是一个刚刚添丁进口的家庭生活不愉快的开始！这个电话永久地改变了蒂尔达的生活。她发现自己处于一个十分脆弱的境地。她只是在几个小时前才刚刚当了妈妈，生孩子的过程很痛苦，她最想做的第一件事就是熟悉她的宝宝。此外，她和她的丈夫都经历了一段充满恐惧和压力的孕期。蒂尔达并没有真正意识到发生了什么事。她意识到她的父母在情感上表现得十分冷漠，暗示她做出某种"行为表现"，并通过剥夺爱的方式惩罚没有令其满意的表现。他们根本没有向孩子提供用于盛放个人感受和需求的空间。她的兄妹每天都给她打电话，说服她为自己的行为向父母道歉。蒂尔达最终不情愿地道歉了。从那天起，蒂尔达就感觉到，每次不论她以什么方式与家人接触，都会面临压抑的感觉。

　　当我在一次咨询中见到蒂尔达时，她的女儿已经 5 岁了，但那种压抑的感觉仍然还在。她来找我是因为她的妈妈在日常生活中一直做一些让她事后很恼火的事情。我陪她用一种更仔细的方式进行自我观察：她对母亲的哪些具体行为感到恼火？她想以什么方式为人处事？她自己什么样的价值观导致她以违背心愿的方式为人处事？我们发现，对她来说，取悦别人是一件很重要的事。她把自己的理念和情感放到了一旁，藏在自己心底的某个地方。特别是在与陌生人接触时，她重点关注陌生人对她的预期。

她甚至不知道自己的感受是否是合理的，或者她是否完全迷失了方向。我当时就有了预感，建议她除进行抗挫力训练以外，还应从家庭治疗师那里寻求建议。经过全面深入的心路历程梳理和反思，她和一位治疗师一起发现，她是在一个自恋的家庭中长大的。我的怀疑获得了证实。

这个现实情况对蒂尔达造成了难以置信的痛苦。她的童年，她一直认为那样的童年是正常的并且自己获得了保护，结果却是一个持续受到压迫的状况。童年期间，只有她做了父母希望她做的事，她才能够获得接纳。如果出了什么问题，她总是受到指责。家庭的变化一次又一次地赋予她一名负罪者的角色，在这个角色中，她因自己的行为表现对家庭成员造成痛苦而自责。例如，有一次，当蒂尔达说她想上马术课时，她的母亲泪流满面，说蒂尔达从来没有看到她父母那么辛勤地工作，赚来的钱还是不够用。她的父亲用胳膊搂着她的母亲，严厉地责骂蒂尔达，让她回到自己的房间，想想她的做法是多么过分，又是多么缺乏同情心。蒂尔达成长的经历，使得她不敢表达自己的真实感受和需求。从一个成年人的角度反思这些经历，对蒂尔达来说是非常痛苦的。这些经历使得她心烦意乱，并翻出了她以前牢牢地锁在自己心底深处的许多东西。

通过这个痛苦的过程,她得到了一个可以永远改变她生活的认知:她现在是一个成年人,她自己也是一名母亲,她不想让她的孩子在生活中建立同样可怕且受到约束的理念。蒂尔达做出决定:将来在很长一段时间内寻求专业人员的帮助,对她自己作为自恋型父母的女儿的经历进行评估。

在新的认知的加持下,她期望找到新的道路,可以帮助她的孩子和她自己顺利度过一生。蒂尔达感到获得了解放,并为每次能够坚持自己的价值观,或者在自己不同意的情况下说出一个简单的"不"字而感到自豪。如果蒂尔达没有敢于接受她内心反复出现的痛苦,她可能永远不会有机会仔细观察自己。她可能永远不会发现,她童年时的信念,即便她认为是真理,其实是由一个非常不公正的育儿方式所产生的。只有有意识地进行观察,接受那些经历的真实面目,才能走上救赎之路,走出痛苦,掌控自己内在的力量。

蒂尔达,我很感激你让我成为你人生旅程中的一个陪伴。你太棒了!你是对的!你做得已经足够好了!

睡在豌豆上的公主

只有真正拥有抗挫力的人才敢直面现实。即便开始的时候会感到很痛苦。为了摆脱痛苦,我们必须站起来,直面眼前看到的一切。只有当我们意识到真正困扰我们的是什么时，我们才能确定我们是否有能力改变它。

　　这个看起来有点像睡在豌豆上的公主的故事。在各种诽谤和流言蜚语之下，真相就像豌豆。如果我们躺下来，尽管在它上面已经铺了那么多层垫子，我们仍然还是能感觉到它。豌豆顶着我们，刺痛我们，时不时地，我们甚至可能会失眠。铺上新的床单，我们的床看起来既舒适又整洁！但只有当我们拥有力气揭开床垫，一点一点地放弃所有肤浅的看法时，我们才会找到症结所在——豌豆。

　　然后我们可以把豌豆收起来，虽然又躺在同一张床上，但我们可以睡个好觉了。也许我们还可能发现并不是豌豆的原因，而是我们自己无法解决问题。认识到这一点十分重要。掌握了抗挫力的人能对现实有清醒的认识，或者能找到一些策略来接受现实，并通过这些策略幸福地生活在现实中。

　　例如，你不能改变你心爱的宠物死亡和你的孩子因此而悲伤的事实。你根本无法决定一条生命会不会以及何时死亡。在接受这一点的过程中，你可以找到方法，以充满爱的方式陪伴孩子度过这段经历。你可以为孩子的悲伤创造一个空间，盛放与宠物在一起的美好时光的回忆。你可以找到关于告别主题的文学著作和儿童读物，并与孩子一起举行一个充满爱的告别仪式。利用伤痛创造一种关联的体验，不是一件非常神奇的事吗？

愤怒、恐惧、悲伤和愤慨

接受现实可能需要巨大的勇气。因此，我们可以认为，一旦我们拥有可以看到痛苦的慧眼，那种沉重的感觉和深刻的情感就可以被释放出来。这也许会让我们害怕，但没有关系。我们可能想知道，我们是否掌握了足够的资源去真实地感受，或者我们是否仍需要继续寻求他人的认可。在我们的社会中，真实的情感仍然是一个禁忌的话题，尤其是在涉及愤怒、恐惧或挫折等情绪的时候。已经广为人知的家庭治疗师杰斯珀·朱尔在他的书《攻击性》（*Aggression*）中，准确地描述了这种感觉：在社会上被认为"坏"的感觉，我们在孩提时代就学会了对其进行压制，以免在表达这些感觉时偏离社会常识。[1]现在别急于认为我是错的。

我在谈到应该允许表达情感时，并不是说可以未经思考，就向他人发泄全部情绪。也不是说可以通过大喊大叫、破坏东西甚至动手等冲动行为向孩子发泄情绪。我说的是感知自己内心中的这些感觉和情绪，并通过各种调节技术找到一个以解决问题为导向的方法，处理这些感觉和情绪。

了解感觉和情绪之间的区别会有很大帮助。

想象一下你乘坐地铁出行。人比较多而且拥挤，一个男人从你身边走过，踩了你的脚。这让你很恼火，你大声地告诉他,他刚刚踩疼了你。在这个时刻,我们感受到的是一种通过特定触发条件点燃并持续很短的情绪,也就是愤怒的情绪从这个时间点开始爆发,达到高潮,然后迅速平息,总共大约持续 90 秒的时间。[2] 不信下次你发脾气的时候尝试着观察一下。情绪是帮助我们感知自己需求的重要信号。在你表现出来的各种情绪,或者你的孩子表现出来的各种情绪的背后,都隐藏着一个没有获得满足的需求。

而感觉则有点不同。请你再次回到坐地铁时的情境中。你不由自主地生气了,却什么也没说。或许你会脸红,失控地大发雷霆,对那个人大喊大叫,然后愤怒地提前两站下车。在一整天中剩下的时间里你会一直带着怒气。

也许在你的童年,当你表达你的愤怒时,你有时会受到不公正的对待,或受到过通过剥夺爱的方式所进行的惩罚。

也许你的父母认为好女孩如果表现出强烈的情绪是不合适的。但是,感觉就像水中一个充满空气的球:我们可以竭尽我们所有的力量把球压到水面下,让它消失,但球终究会再次弹出!球会用一种我们以前认为不可能存在的力量弹出来。

因此,如果我们希望我们自己和我们的孩子通过以解决问题为导向的方式拥有或专门培养抗挫力,我们就要勇敢地面对我们所面临的全部痛苦。只有当我们开始积极地整合我们生活范围内的所有感觉和情绪时,我们才能迈出下一步。我们可以面向生活的方方面面敞开心扉，如日常生活中的失败、我们所犯的错误、时间焦虑、价值观冲突、没有实现自我目标、对自己的身体不满意、处理孩子问题时的不安全感、尖叫声、砰砰的关门声、疏忽、失眠的夜晚、与伴侣之间的争吵、工作中的压力、孤独、挫折、愤怒、羞愧等。如果我们继续假装这一切都"没关系"，那么我们所做的就是在所有的其实不那么小的"豌豆"上放上一张床垫而已。不过，我们仍然会感觉到有硬物顶着我们的后背。只有当我们允许自己认识到差异并将注意力重点关注到差异上，我们才能消除差异；只有当我们真正走出痛苦，回头查看原因时，我们才能确定我们能做些什么来摆脱痛苦。

也许我们会发现我们自己无法解决问题，但至少我们可以拥有清醒的认知，我们可以寻找能够帮助我们获得力量的策略。

例如，现在你可能已经很久没有熟睡整夜了，而且这种状况可能会持续几个星期。你可以通过雇用保姆、获得父母的支持、下班后让你的伴侣代替你做事或者其他方式，让你每天至少可以多睡一两个小时（或更多），减轻你失眠所带来的痛苦。解决方案是高度个体化的，可能性也是无限的。

是你的孩子的感受还是你自己的感受

你可能会问自己,你应该如何为你在某种程度上可以判定为错误的各种感觉留出空间?也许,这确实是所有问题中的问题:我如何解决自己的问题、突破界限,为我的孩子进入另一种生活铺平道路?如果我自己从未学过这么做,我怎样才能做到这一点呢?可能你已经读过几本关于处理陪伴问题以及以需求为导向的关于儿童养育的书,你已经知道了理论,但你到底怎样才能做到呢?

我认为,在这方面,"是不是去做"比"怎么做到"更重要。与其说这是一个具体的计划、一个说明和一些特定的规则,不如说这是一个全新的态度。对你自己也是如此。不要指望你自己在一夜之间能够反思自己全部真实的感觉,并且在很大压力下仍然能够以一种完美平衡的方式掌控一切。否则,你将再次生活在压力和强迫之下。而我们是希望摆脱掉这些东西的。而且最重要的是,这是一个新的认识:即便压力和错误伴随着你的日常生活,也要学会以充满爱的方式看待自己。

如果你以前从来没有机会体验过为你自己和孩子的所有情感提供足够的空间意味着什么的话,那么做出选择去爱也是一项重大的任务。一次又一次,你可以反思自己和自己的所作所为,问自己什么方式才是最有爱心的方式,并且能够帮助你走出痛苦;一次又一次,你可以通过一系列提问的技巧、规范化的仪式和练习等,以一种全新的方式陪伴孩子。重要的是,你是在清醒的情况下做出决定,按照不同的方式做事的。

我想陪伴你一起通过有效的方式,同时也是一种温和的方式,朝着一个新的方向前进。总会有出路的,你要永远不停下做一个真实的人、成为合格的母亲或父亲的脚步。你的孩子将在他的一生中有一个全新的经历,而你也将会以一种全新的方式陪伴他。如果你决定为了你的孩子和你整个家庭的利益,把大脑研究、依恋关系研究,最后当然是把抗挫力研究的结果应用到你的生活中,那么这就意味着你必须每天不断地思考。这是一个持续性的过程,认识到自己可以感知自己的感受,并能够为孩子创造上面所描述的空间,同时在互动过程中发挥作用。如果你能够有意识地让孩子发泄最狂野的愤怒和心底最深的悲伤,你就能感觉到这有多么难得,并期望自己也能获得这样的机会。

想象一下,如果你的孩子希望能够自己系鞋带,但一次又一次地失败了,系的鞋带结一直在不断地松开。孩子脸红了,把鞋子扔到墙上,并声嘶力竭地喊道:"愚蠢的鞋子!"你现在可以跟着自己感觉走:"哦,孩子,你永远都不应该这样做。现在请不要放弃。别让自己进入那个状态中,冷静点,别再大喊大叫了,邻居们都听见了!我来帮你系。"但你也可以有意识地决定走一条全新的道路:先保持沉默,用鼻子深吸气,然后用嘴呼气。至少说出 5 个你在周围可以感知到的颜色相同的东西，然后回归自我，问自己："如果用爱的方式处理，要怎样做？"你为你的孩子保留一个发泄愤怒的空间："你很想自己系上鞋带吧？你真的很恼火，因为总系不好。你一定能够感觉到那种愤怒，十分强烈。我理解你，我知道你的感受。在我非常想要做好某事却总做不好时，我总是非常用力地跺脚。你想一起跺脚，把愤怒跺出去吗？"在孩子把愤怒通过跺脚表现出来之后，你可以与孩子一起制订一个日常重复练习的计划。你也可以拿出一本教系鞋带的书，让孩子继续练习。

在这种情况下，盛放怒火的空间可以帮助你和孩子看清问题。你的孩子希望变得自主，能够自己系鞋带。这也是有解决办法的！你一直在寻找并整合解决方案。现在你已经完成了走出痛苦的第一步（在这个示例中，孩子感觉到自己无能为力）。下面提供了各种反思性问题、练习和资源，希望对你有所帮助。

每天一次又一次地做出走新路的决定。你可以一次又一次地这样做，并将其融入你的日常生活中。

把适合你的东西带走，把不喜欢的东西留下。

> "赐我内心冷静，接受我无法改变的事情。
> 赐我改变我能改变之事的勇气，
> 以及区分一个和另一个之间差别的智慧。"
>
> 莱因霍尔德·尼布尔

> ✓ **清单**
>
> 接受并不意味着进入受害者的角色,而是鼓起勇气去体验痛苦,去探索原因。
>
> - 感觉和情绪都是重要的灯塔,可以向我们揭示我们的需求。
> - 拥有抗挫力的人接受现实,并权衡他们是否可以影响局面;如果可以,就去影响那个方面。
> - 接受所有情感,现在是,将来仍然是我们可以用来选择每一天怎么过的一个方式。

资源工具箱

回答问题

1. 你现在感觉怎么样了?
2. 这种感觉想告诉你什么?
3. 你的感觉的背后隐藏着什么需求?
4. 你的孩子现在有什么样的感觉?
5. 你的孩子对你有什么样的感觉?
6. 你从孩子的感觉背后可以看到隐藏着什么需求?
7. 你能谈谈你对家的感觉吗?如果有感觉,那么感觉是什么样的呢?如果没有感觉,为什么没有呢?

8. 你不能改变事情时是什么样的感觉?
9. 你能改变事情时是什么样的感觉?
10. 你不断地感受到的是什么样的感觉,为什么?
11. 如果用爱的方式处理,要怎样做?

☀ 接受和承诺

海斯、威尔逊和斯特罗沙尔提出接受和承诺疗法（ACT）[3]，目的旨在提高我们在心理上变得柔韧的能力。ACT的特别之处在于，该疗法并不试图使用新的思想和理念来取代原有的思想和消极的理念。相反，该方法希望阻止你过多地认同自己的想法。因此，ACT的目的不是消除愤怒、恐惧、挫折、攻击或冲动等情绪，而是认识到痛苦和快乐都是生活的一部分，两者都是生活的组成部分，它们能使生活变得丰富。ACT的目标是让你能够充分地接受生活现实，尽管面临挑战，仍然能珍惜生活，并在快乐中享受生活。此时，能够接受痛苦和挑战是一个重要的前提条件，这样就可以根据你自己的个人价值观，找到能够让你摆脱痛苦的策略。

下面我想介绍6个核心要点送给你。每当你在家庭生活中遇到一个具有挑战性的情况时，或者陪伴你的孩子度过这样的时刻时，"接受"这把金钥匙就可以发挥重要的作用。下面描述的ACT的6个要点在许多方面与培养抗挫力的8把金钥匙重合。

1. 认知解脱（摆脱想法的能力）。
2. 观察作为背景条件的自我（站在事外看清自己的能力）。
3. 接受（愿意接受现实）。
4. 与现在保持接触（有正念和存在感）。
5. 价值取向。
6. 承诺（承诺采取符合自己价值观的行动）。

接受在这里仍然是至关重要的。你可以，是的，你甚至应该让你自己和孩子感受各种各样的感觉。如果你的感觉是通过孩子的某些情绪触发的，那就建立一个平静的盛放这些情绪的空间。你可以寻找不同的方式，平静地表达你的感觉。例如，有意识地进行深呼吸，跳舞，跺脚，鼓掌，吹口哨。试着站在事外的角度感知自己，就像你在看电影一样，观察并命名在你身边出现的一切。你也可以对你孩子这样做，打开空间，盛放愤怒，让你的孩子尖叫，嬉闹，跺脚。记住，让每种情绪大约持续90秒的时间。

尝试记住每一种感觉背后可能潜藏的需求。如果这个感觉构成的世界对你来说是全新的，而你花费了一生的时间在压制它，那么我建议你去探明你的感觉。

情绪与我们的需求密切相关。需求可以按照下文的描述进行定义：

- 需求独立于特定的人、特定的地点、特定的时间。
- 每个人都能理解需求，需求具有普遍性的特征。

- 需求可以用下列描述方式表达:"我需要……""我在意……""我觉得……很有价值。"
- 已经满足和尚未满足的需求是我们产生各种情感的原因或根源。

作为指南,下面列出了各种感觉和需求(根据克劳斯-尤尔根·贝克的理论)。让它们对你发挥作用吧。探索究竟是什么告诉你这些的,你就可能找到你自己的触发点。

情感、感觉(需求被满足时):

冒险的、令人愉悦的、刺激的、生机勃勃的、欣欣向荣的、振作的、思想开阔的、觉醒的、专注的、平衡的、放松的、不受约束的、心满意足的、振奋的、精力充沛的、充实的、沉醉的、富足的、感动的、平静的、心里获得抚慰的、兴奋的、情绪激动的、心醉的、感激的、包容的、令人惊叹的、欣喜若狂的、充满活力的、热心的、放松的、决断的、轻松的、高兴的、满足的、激动不已的、受鼓舞的、惊奇的、充满期待的、迷恋的、自由的、和平的、幸福的、快乐的、沉着的、心平气和的、已经解决了的、紧张期待的、被触动的、受到保护的、舒适的、兴高采烈的、完全清醒的、热情的、专注的、充满希望的、感兴趣的、神清气爽的、充满力量的、充满期待的、振奋的、感兴趣的、有创造力的、活泼的、心情愉悦的、热情的、充满爱心的、轻松的、富有同情心的、有上进心的、活跃的、勇敢的、好奇的、乐观的、平静的、温柔的、满足的、精力十足的、自信的、福足安康的、肯定的、没有抱怨的、独立自主的、坚强的、平静的、自豪的、无忧无虑的、积极的、惊异的、幸福的、多情的、信任的、热心的、警觉的、舒适的、仁慈的、满足的、乐观的。

情感、感觉（需求没有被满足时）：

不情愿的、疲惫的、惊慌失措的、孤独的、憎恶的、焦虑的、愤怒的、紧张的、冷漠的、疑神疑鬼的、过度兴奋的、激动的、烦躁不安的、饥饿的、精疲力竭的、抑郁的、顾虑重重的、受辱的、羞愧的、忧虑的、沮丧的、担忧的、悲伤的、痛苦的、压抑的、意志消沉的、困惑的、渴求的、嫉妒的、孤单的、气馁的、诧异的、失望的、愤怒的、疲惫不堪的、受到惊吓的、惊恐的、昏沉沉的、懒散的、沮丧的、惊吓过度的、恐慌的、心碎的、麻木不仁的、拘谨的、受伤害的、有负罪感的、情绪沉重的、无聊的、烦闷的、折磨人的、气势汹汹的、备受刺激的、压力重重的、漠不关心的、厌恶的、无助的、受刺激的、犹豫不定的、多疑的、忧郁的、困乏的、脾气暴躁的、受压制的、无能为力的、意志消沉的、悲观的、心存报复的、焦躁不安的、腼腆的、震撼的、羞涩的、虚弱的、摇摆不定的、笨拙的、期盼的、将信将疑的、少言寡语的、固执的、沉默的、争执心强的、难以取得信任的、愤怒的、尴尬窘迫的、受伤的、迷失的、情绪低落的、不安全的、困惑的、绝望的、怒气冲冲的、脆弱的、举棋不定的、愤懑的、矛盾重重的。

可能存在的需求：

正念、审美、认可、刺激、关注、真诚、平衡、交流、真实性、自主性、感动、确认、运动、自由裁量、有效性、诚实、简单、同情、领悟、接受、移情、发展、放松、健身、自由、喜悦、友谊、和平、给予、安全、准确性、团体、正义、社团、健康、良心、幸福、行动、和谐、希望、幽默、个性、灵感、诚信、清晰、舒适、沟通、创造力、学习、隐私、尊重、平静、创造、美丽、保护、自我决策、自我认知、自尊、个人责任感、自我实现、自我价值、性、安全感、感觉、角色参与、精神、稳定性、沉默、连贯性、结构、参与、深入、宽容、透明、悲伤、忠诚、安慰、支持、责任、承诺、连接、知识、欣赏、温柔、时间、隶属关系、倾听、鼓励、人性、同情、接近、营养、开放、秩序、定位、空间、关怀、理解、信任、成长、选择、温暖。

☀ 盛放生活的房子

盛放生活的房子		
伙伴关系	健身	家庭
财务	朋友	工作

为了简化练习"接受"技能的步骤，我想介绍一下法比安·伯格所提出的非常棒的练习[4]。

你需要：

- 1 张或多张纸。
- 至少 1 支笔。
- 理想情况下，至少先休息 10 分钟。

练习

首先，确定哪些领域以特别的方式决定了你的日常生活，可以是伙伴关系、母亲/父亲、财务、健康、健身、营养、友谊等。现在开始画一个房子，在房子里，生活中的每一个领域都拥有一个对应的房间：房间应该有多大？墙壁是什么颜色的？怎么布置？这个房间里有什么物品？

完全沉浸在这个练习中，让自己从最初的冲动中诚实地、毫不掩饰地勾勒出你在日常生活中的感受。把这些印象写在纸上的作用是非常大的！在脑海中"画出"所有这些感受所获得的解脱是无法估量的。

这个练习的目的是让你获得清醒的认识。你可以在白纸上看到黑色（或彩色）线条，也就是你是如何看待你自己的世界的，并精确地展示出生活中影响你的领域到底发生了什么。一旦你得到了清醒的认识，你就可以采取下一步行动，选择你想要打扫的房间和你想要花多长时间待在其中。你可以每天进行这种练习，反思前一天的得失。也可以每周、每月或每年进行练习，感受你自己的内心。试一试吧。无论你遇到了什么，随时试试吧！如果你觉得不合适，就把它留在那里。

☀ 你的孩子的房子

你也可以和孩子一起做这个"盛放生活的房子"的练习。这种创造性的自我反思形式非常适合孩子，能给他提供一个游戏的空间，让他表达自己的情感和感知。而且，每次你都能进一步更好地了解你的孩子。

十分重要的是，你不能强迫孩子做这件事，也不能评价孩子画的东西。你也可以自己练习，把它作为盛放你自己的感觉及可以创造性表达的空间，呈现你真实的面目。

如果孩子不喜欢画画，可以根据孩子的喜好灵活地对这项练习进行调整。例如,如果孩子喜欢用乐高建造房间,你可以让孩子使用乐高建造他的房子;如果孩子喜欢在大自然中玩耍,你可以让他在森林里用天然材料搭建他的房子。总之,让孩子不受任何限制地创造。

💡 资源清单

- 坚持记日记,并写下一天中所有的经历和当天的印象。
- 向其他人倾诉。
- 在自己的日记中探索自己。
- 寻找自己的价值观。
- 了解并命名各种情感。
- 说出情感背后可能潜藏的需求。
- 使用象征性的纪念品(如手镯、石头、特定颜色的指甲油),以便在困难的情况下与触发条件进行分离,并能够反思"如果用爱的方式处理,要怎样做"这个关键问题。

2. 乐观——看向光明

*"乐观主义者的错误并不比悲观主义者少，
但他过得很愉快。"*

查理·里维尔

增强孩子和你自己内心力量的第 2 把金钥匙是"乐观"。我承认，我经常以有点自我膨胀的方式使用这个词。总是期望从生活中得到最好的结果可能是一个挑战。在下文中，我将向你展示获得这种态度的方法，进而你就可以发现，乐观地展望未来，关注生活积极方面的人往往更有可能开发出保持冷静的能力。相对于生活技能，乐观主义更是一种与生俱来的人格特质，而这正是本章的重点。我将向你介绍，通过做出清醒的决定，总是有可能看到生活中积极的一面的。用这种态度能打开向积极方面转变的空间，并追逐隧道尽头值得为之奋斗的光明。

来自咨询时段的实例：兄妹之间的吵闹

♥朱莉娅是两个孩子的母亲。她的第一个孩子是个儿子，6 岁；第二个孩子是个女儿，3 岁。我在教学咨询中获得许可来陪伴朱莉娅,一起应对"兄妹之争"的挑战。两个孩子之间的吵闹给她带来了很大的压力,她对孩子间的争吵的恐惧甚至逐渐影响了她的日常生活。她避免和两个孩子一起活动,开始改变自己的日常生活方式,以便确保几乎不需要同时照顾两个孩子。

我们实施了"接受"这个训练步骤,并仔细研究了这些争吵困扰她的原因。每当兄妹吵闹时,朱莉娅觉得她有责任去进行干预。在操场上,争吵也不断爆发:两个孩子都想玩面前唯一的秋千。她的大儿子经常变得咄咄逼人,仅仅因为身体上比妹妹更有优越,常常在争吵中取得胜利,她的女儿哭着想把哥哥从秋千上拽下来。朱莉娅认为自己有必要阻止这种争吵,因此,她在他们进入操场之前,就制定了使用操场器械的规则。两个孩子并不总能遵守规则,所以朱莉娅总是从 A 处跑到 B 处。她总是在刚发现两个孩子都想用同一个器械时就跑过去干涉。

"争吵是不好的。我希望我的孩子们拥有充满友爱而且积极的兄妹关系,但这两个孩子总是互相攻击。这样太累人了。"

"我希望他们能和睦相处。"在我们的一次咨询中,朱莉娅一边流着泪,一边说。

"如果我告诉你打架并不总是坏事呢?如果我告诉你,打架对社交能力的发展是很棒的事情呢?"我问她。

我们发现,朱莉娅,在她还是一个很小的孩子的时候，就被要求表现得很好。她的父母急于让她成为一个心态平和的人。我们一起设立了一个新的视角，使她能够看到争执积极的一面：孩子们将学会在社会网络中清楚地表达他们的需求，同时也将学会感知他人的需求，这样，他们就将学会有同理心和自信心。他们将有机会试探自己的极限和他人的极限。他们将体验到当情感边界被打破时会发生什么，并掌握谈判和沟通的策略。他们将会认识到自己的身份是整体（社会结构）的一部分，并能很好地了解对方。这些发现为朱莉娅打开了一个全新的空间。

"但是，这时我的工作是什么？我该什么时候介入？我知道，如果我不跑过去处理冲突，我儿子会打我女儿的。"朱莉娅忧心忡忡地说。

"那会发生什么？"我问她。

"我的女儿会哭着跑到我跟前寻求安慰，我当然会安慰她。"

"那又怎样？"

"她会冷静下来的，然后我儿子肯定也会跑过来的，因为他感到内疚。"

"然后呢？"

"我也会安慰他，我想他应该会向他妹妹道歉。"

"这是你可以接受的情况吗？"我问她。

朱莉娅意识到，她把注意力重点放在了争吵的消极方面，这使生活有了不必要的困难。她的工作不是及早介入，避免任何争执的发生。顺便说一句,这也是不可能的。通过她所获得的新的视角,朱莉娅在她的孩子们的每一次争吵中都看到了机会。她在那里是一个安全的避风港,当孩子们处于沮丧和悲伤中的时候收留他们。她相信她的孩子们会对彼此做出具有同情心的反应,并在争吵中探索自己。

在这次突破之后,朱莉娅的日常生活轻松了许多。她不再害怕孩子们之间争吵。她知道她为她的孩子们提供了一个安全的避风港,当波涛汹涌时,这个避风港永远对他们开放。她对孩子们的技能和能力的自豪感和信心与日俱增,最近她喜欢和两个孩子一起去任何地方。

期待可能的最好结果

朱莉娅的故事是一个很好的例子,说明在我们期待一个情境的最佳结果时,就会心想事成。当我们以消极、悲观的眼光看待某一情境时,我们就会过分强调这些消极方面。想想著名的半杯水的故事,水杯要么是半满的,要么是半空的,这取决于你考虑问题的角度。假设你很渴,有人递给了你一个装了半杯水的玻璃杯。如果你的思想被缺水、悲观和自怜所支配,你就会对这个半空的杯子感到失望。你觉得自己处于不利地位,可能会不情愿地把它喝光,而你口渴的感觉会变得更强烈。你对没有拿到足够的水感到愤怒,并将缺水和口渴的感觉带入你的日常生活。相反,如果你在每件事中都能看到最好的一面,那么在你面前就会有一杯装了半杯水的玻璃杯。你会为这半杯水感到幸福，并怀着感激之情享受这份小小的解渴良药。你会全身心地投入快乐中，充实你的日常生活。"总比没有好"，你想，期待着在稍后可以喝到更多的水。

我们在提高抗挫力的锻炼中拥有乐观的态度，收益很快就会变得明显。如果我们希望在接受的基础上朝着解决问题的方向前进，那么我们就应积极地去寻找解决办法。我们可以把我们的观察点集中在我们现实生活中的机会和积极的方面，以便于我们能够充分地加以利用。

从现实的角度看，乐观或悲观是性格特征还是精心选择的策略？

"但是，我就是这样长大的。我一直把更多的精力放在寻找可能出错的方面。"你现在可能会这么想。我完全理解所谓的现实主义背后呈现的保护性思维：你想保护自己和孩子免受失望的打击，睁大眼睛度过一生。从生物学的角度来看，这种保护性的悲观情绪是遗传的，部分也是合理的，可以用于排除潜在的危险。请牢记，在石器时代，著名的剑齿虎可能随时潜伏在任何地方。

即便在今天，恐惧和谨慎仍然还占有一席之地，它们成为作为父母的我们的警报系统。从心理学和教育学角度看，我们只需要注意不要迷失于其中就可以了。感知并识别危险？是！看不到更多的机会，否定最好的结果？不！

自由的意志和清醒的决定

乐观地看待自己所面对的现实的能力就像我们可以锻炼的一种肌肉。在本章的资源部分，你可以看到一些方法，用以锻炼出你所期望的肌肉。尽管如此，最重要的是，你需要做出清醒的决定，去发现生活中的美好事物，并看到每件事中对你来说最好的结果。没人能够为你做决定。

你可能还记得，在本书的开头，我曾经指出，我没有想要卖什么灵丹妙药给你，我相信这些灵丹妙药是不存在的。当然，我会介绍战略和概念、具体的建议和练习，但是，最重要的是，哪些适合你，如何在实际生活中使用和实施它们，仍然必须由你自己做出决定。通读一本书和把书只是陈列在书架上之间，存在着很大的区别。有意识地检查并整合适用于你自己的练习，设置书签，并将你所读到的内容真正融入你的生活中，这个世界上没有人能够为你做到这些。看到这里，你应该明白，我不是告诉你，从现在开始，你只需要看到生活中美好的一面，之后一切就都会好起来的。相反，反倒是需要你在生活的每一时刻做出清醒的决定，强化你自己和孩子的抗挫力。

在本书中，你会看到很多关于整合重要的抗挫力因素的建议和帮助。这种新的态度能不能融入你的生活中，取决于你是否爱自己、有开放的思想，以及你在任何时候，是否都能做出清醒的、充满爱的抉择。

你觉得下面这些对你来说意味着什么：

- 雨天究竟是坏天气还是完美的玩跳水坑的天气？
- 没有进行本周的购物活动你是否会恐慌：你会没有吃的东西，或者不得不点比萨？
- 你认为兄弟姐妹之间的争吵对家庭气氛会有不良影响，还是对每个人来说都是一个重要的学习机会？

孩子的导航系统

我们一起来谈谈我们的孩子吧。现在我们把重点放在乐观对我们意味着什么上面。你问自己一个问题：怎样才能让我的孩子变得更乐观呢？你可以停下脚步，不再一个策略又一个策略地进行尝试，试图找到对你的孩子最佳的策略。我的观点是：孩子是乐观的，而且没有接受过任何训练。相反，我们需要重新审视我们自己的态度，不要把不必要的恐惧和阴暗的东西转移到我们的孩子身上。

孩子存在着内在的学习驱动力。他能接受跌倒的风险，因为他理所当然地认为自己可以再次站起来。这个世界远比直接躺倒在跌倒的地方精彩。让我们到操场上看看吧。操场上设有攀爬架，孩子已经决定爬上架子，他以前从来没有这样做过，而你发现架子相当高。你的警告系统说："小心，孩子可能会摔下来。"这是非常正常的，也是非常健康的想法。当然，你可以听从这个想法，站在孩子和攀爬架旁边的安全范围内，这样就可以在紧急情况发生时接住孩子。你期望最好的结果：你的孩子能爬上去，或者他跌下来时你能接住他。你消极的、悲观的心态会说："无论如何，这绝对太高了！我的孩子会摔下来，甚至发生脑震荡。"如果你听从了这个想法，你要么会抱着孩子爬上攀爬架，要么会禁止孩子爬攀爬架。在这两种情况中，你都会妨碍孩子的独立性、自信和乐观。这就是作为父母的我们应承担起自身责任如此重要的原因。别无他法。当然，你可以整合已经存在的各种方法和日常陪伴模式，用来强化你的技能和调整你的态度，你也可以在本书中看到相关内容。但是，最终，这些东西只是肥料，你还必须自己播撒种子。

> ✓ **清单**
>
> - 乐观必须被当作一个策略，而不是一种特质来看。
> - 乐观并不意味着忽略现实，而是接受现实，把关注点放在机会上。即便到目前为止你是悲观的，你仍然可以成为一个乐观的人。
> - 你自己清醒地选择看问题的角度非常重要。自己保持乐观，为孩子播下乐观精神的种子。

🧰 资源工具箱

👄 回答问题

1. 你会说你自己是一个乐观的人吗？如果会，你是怎么保持乐观心态的？

2. 如果你以悲观的方式看待这个世界，你认为你自己可以实现什么？

3. 到目前为止，你有没有仔细地研究过"乐观主义"这个话题？如果有，是用什么方式研究的？你从中得到了什么启示？

4. 在你的生活中，希望究竟有多重要？

5. 你能想象得到最好的生活对你来说是什么样子的吗？

6. 你特别喜欢哪些事情或活动？目前你将其中多少融入你的日常生活中？

7. 试着想象一下，现在什么能够带给你一种快乐和充实的感觉？

8. 如果你有3个能够让你的生活变得甜蜜的愿望，你会想要什么愿望？

9. 你有没有对和你的孩子在一起产生的特殊感觉感到过恐惧？这种恐惧对你产生了什么影响？

10. 你怎么知道这种感觉是合理的恐惧还是悲观的情绪？你如何找到你自己该走的路？

☀ 在脑子里过电影

在日常生活中，你会受下列特定情境困扰吗？

- 我的孩子会在医生面前完全失去自制力吗？
- 我在咖啡馆哺乳会被赶出去吗？
- 我的孩子会从秋千上摔下来吗？
- 如果学校里孩子间的争吵变成欺凌会怎么样呢？

"在脑子里过电影"这个练习，可以让你尝试着回顾一下，什么时候你无法区分合理的恐惧和阴暗的悲观。这是一个重要的过程。因为如果你多年来一直以一种特定的思维模式生活，现在你就可以在一个全新的方向上以专注和持续的方式审视你自己。我们应该把爱留给我们自己。因为如果我们一次又一次地谴责自己，我们就会陷入一个消极的恶性循环，越来越难以走上全新的、充满爱心的道路。我们现在看看已经在你身上出现的 3 种情境，并在乐观的心态下进行反思。

练习

先拿出几张纸或一个笔记本。做练习时，需要一支笔并需要进行一段时间的休息。为了以充满爱的方式陪伴自己，你可以为自己创造一个轻松愉快的环境，例如，点上蜡烛，在自己周围装点上鲜花，播放轻快的音乐。

第 1 步：现在想想你作为父母会出现的 3 种不同情境，它们让你感到非常担心，想象自己到了最疯狂的状态。准确地描述你的内心中发生了什么：你在期待什么？你在害怕什么？你想到了什么样的灾难情景？

第 2 步：现在把这个想象与实际发生的情况进行比较。什么是好的？什么比预期的结果更好？

第 3 步：试着找出你的恐惧没有变成现实的原因。也许你没有考虑到这样一个事实，就是你和/或你的孩子在这种情况下会获得某些新的发现。这些发现可能对你或你的孩子掌控这种情境提供帮助。也许你还没有考虑到来自外部的某些积极影响，比如，你的父母可以帮忙等。也许你太过于专注在消极的事情上了，以至于你无法对现实的情境进行客观评估。

第 4 步：你看到某个特定的模式了吗？在所反思的 3 种情境中，是否存在某个特定的想法或框架（模式），导致你把情况想象得如此阴暗？一旦你找到了这个模式，以后一定要注意它是什么时候出现在你的身上的。

检查：它真的符合现实情况吗？它真的对你有帮助吗？

第 5 步：现在开始想象上述 3 种情境最好的结局，让自己沐浴在快乐充实的感觉中。释放你的想象力，将自己沉浸在纯粹的乐观的世界里。

☀ 记你和孩子的阳光日记

"阳光日记""幸福日记""感恩日记"，我相信你已经听说过其中某一个了吧。在这样的日记中，你可以有意识地只记录你在过去一天里的积极经历。通过正念的方式抓住某个时刻，清醒地反思其中什么让你快乐，以及为什么给你带来了快乐。

我认为这个练习对于作为父母的你是特别有价值的。因为你的日常生活都安排满了任务，充满了时间焦虑和外界的约束，在许多情况下会使你有一种筋疲力尽的感觉。而一个积极的、乐观的心态，将带着你轻松地生活，让你感到充实，为你提供力量。

对孩子来说，这样一本阳光日记也是非常重要的。因为他会有一个地方，在那里可以记录下许多美好的时刻，并一次又一次地回顾这些时刻。与他最重要的照料者——你，一起体验这个时刻，就是送给孩子最好的礼物。

如果你和孩子都把你们所喜欢的并给你们带来快乐的事物图片贴在日记上，这样多好啊。以后，你们可以经常看看阳光日记中记录的快乐，它们也是我希望你抓住的最基础的情感。

在这个练习中，你会发现两个不同版本的阳光日记。第一个版本旨在帮助你寻找你的积极阳光的时刻。你也可以用同样的模式指导孩子写阳光日记。但是，极其重要的是需要记住：不能给孩子带来任何压力。如果孩子不想写这样的日记，无法将快乐与这个仪式联系在一起，强行逼迫孩子可能会产生与你希望的相反的效果。因此，根据年龄的不同，孩子每周只写一次阳光日记也许更合适。找到自己个人的节奏，然后试试吧！

下面的建议可以作为你的指南。

今天让我感觉到积极阳光的经历

可以是任何事情！我想让你清醒地认识到你要回顾你所有的印象。有没有一种特殊的气味、声音、旋律、触感或味道让你在今天感到快乐？是自然界的某一时刻、与一个人的对话，还是某一个感觉世界为你而静止的时刻？

今天使我的生活变得多姿多彩的3个人

与他人之间积极正向的关系可以成为一个巨大的力量源泉。简短地反思一下，试着感受一下，是谁丰富了你今天的生活。而且，是的，每天都可以是同样的3个人！这能让你意识到生活很充实。

一个让我感觉今天很美好的想法

通常情况下，很多人把时间花在制造消极想法上。在阳光日记中，你要有意识地把你的注意力集中在这样的想法上：今天，这个想法给我带来了纯粹的快乐和真正的希望，尽管这个想法是荒谬的。

我的阳光口头禅

口头禅是一种肯定的，也是一句尽可能简单的句子，

肯定你的行为和存在。重要的是要积极地表达，例如，"我应该允许自己放松"，而不是"我没有给自己施加压力"。因为我们的潜意识没有意识到这种消极，所以信息会以错误的方式传播。

很多人特别善于批评自己，就像许多妈妈一样，经常觉得自己不够好。通过你每天的阳光口头禅，我想让你去寻找一句能够使你自己更强大并给予你自己认可的口头禅。

第二个版本的阳光日记可以是你个人自由发表言论的空间。如果你是一个喜欢自由写作的人，并且已经设法在没有任何压力的情况下记录下了积极的时刻，那么这个版本的阳光日记可能更适合你。对于孩子来说，这个版本的日记也可以用来画出一天中最美好的瞬间。

无论用什么方式，我都希望你和孩子拥有多姿多彩的生活，在每件事中发现一些闪光的东西。

💡 **资源清单**

- 感恩之花："他不爱我"被"我爱……"所取代。
- 有意识地给自己带来快乐：是什么给你和孩子带来了快乐？有意识地计划每一天！
- 起床后或就寝前，你可以玩这个游戏："我看到了一些别人没有看到的东西……"所说的东西在过去的一天里给你带来了快乐。
- 融入大自然：在大自然中，所有人的压力水平都会降低。这样做有利于培养乐观的心态，你更容易看到积极的方面。
- 反思：在过去的一周里，什么比你想象的要好一些？每个家庭成员都获得了哪些新的看法？

3. 自我效能感——
我可以改变一些东西

"我们无法改变风，
但我们可以正确地设置帆。"

亚里士多德

培养抗挫力的第 3 把金钥匙被称为"自我效能感"。拥有抗挫力的人了解自己，知道自己的优势和极限，也不会因为自己的缺点造成与他人之间的爱变少了。通过这种对自己的能力和局限性的精确了解，培养出能够识别何时需要外部帮助和支持的能力，很重要。对于拥有抗挫力的人来说，羞愧感既不会影响他对自己的爱，也不会影响他接受帮助的意愿。想要在生活中有所作为的信念是组成抗挫力的基本因素。

你肯定知道这一点：如果你估计你能在 20 分钟内把堆积的衣服收拾好，然后整理好洗手间，你就会变得更有动力去完成这些家务。然而，当衣服堆积如山，而你的时间很紧张时，你就会有一种感觉——你一个人肯定做不完。也许你会为此感到羞愧。无法完成的感觉，再加上你的羞愧感，会使你一次又一次地推迟问题的解决，直到最后你真的无能为力了。

当然，你肯定想培养孩子自爱且积极的自我效能感，否则你现在就不会读这本书了。但是我特别想把这一章专门送给你。你真的喜欢你自己吗？你真的爱你自己吗？你觉得你已经足够好了吗？当你想到你是作为一名爸爸或妈妈思考你自己的日常生活、面对所有的挑战时，你认为你自己能很好地应对挑战吗？如果你在上面的问题中至少有一个的答案是"不"，那么我想请你仔细阅读这一章。

当你想到你的孩子时，你对孩子有什么愿望？他应该如何看待自己？他应该怎样谈论自己？他对生活应该有什么期望？别忘了我们也曾经是个孩子，期望去了解充满爱和喜悦的生活。在我们的生活道路上，存在过那么一个瞬间或者曾经遇到过那么一个瞬间，让我们相信一个谎言：我们自己不够好，不够可爱，不够漂亮，不够聪明，或者其他什么的，我们的好不足以获得爱。如果我们不一次又一次有意识地审视自己，并坚定地选择走上充满爱的道路，我们就会忘记我们自己"内心里的那个孩子"以及他对被接纳和照顾的需要。在某些时候，他会反叛，在他愤怒时，他会像我在关于"接受"的章节中提到的水球一样不受控制地浮出水面。

心理学家和畅销书作家斯蒂芬妮·斯塔尔谈到过"内心里的孩子"，并从暗黑和阳光两个角度进行了区分。[1] 作为父母的我们不应该相信处于反面的"暗黑小孩"。所谓的"暗黑小孩"代表我们在童年时代全部的消极理念。

这些理念包括忧虑、恐惧和怀疑。根据斯塔尔的说法，所谓的"阳光小孩"与"暗黑小孩"相对立，"阳光小孩"代表我们童年时代全部的积极理念，我们将其带入了我们今天的生活。

作为父母的我们，在经常面对忙碌的日常生活时，我们需要的是适用于实际冲突情况的解决办法。当然，潜入我们内心的深处，从那里带来改变是有意义的，但这需要时间和资源，而作为父母，我们没有太多的空闲时间。我们需要的是一种方法，即使在我们被触发的时刻，我们也能平静地再次找到爱。我在探索培养抗挫力的8把金钥匙工作中，完成了自证。用这8种不同的态度、品质和能力，我们能更接近真实的自我，并认识到在什么地方我们被触发或采纳了另一个人的价值观。我目睹了许多母亲用这8把金钥匙与"接受"和承诺疗法相结合，找到了一种全新的自我，使自己越来越不会轻易地把自己的想法和对生活的要求强加在孩子身上。

来自咨询时段的实例：汉娜的烦恼

♥ 31岁的汉娜是5岁的马格纳斯的单身妈妈。她和孩子的爸爸麦克斯拥有过一段和平的关系，但他和她分手的事实至今仍然困扰着她，她感到很孤单。平时，马格纳斯和汉娜住在一起，周末去父亲那儿。

马格纳斯大部分周末都和他的父亲以及父亲的新女友在一起，但马格纳斯并不太想去找他的父亲，汉娜和麦克斯也不想强迫马格纳斯。因此，马格纳斯有很多时间与汉娜在一起，她对做家务、要照顾马格纳斯以及每天所发生的一切都感到很烦躁。"我整天都在想我能用什么做吃的，所需的东西是不是都有。我脑子里感觉有堆积如山的衣服要清洗，我需要打扫卫生、工作并安排好一切。我再也受不了了。我太孤单了，麦克斯和他的新女友却过着美好的生活。这太不公平了。"

"那么，你觉得自己被遗弃了，你有太多的任务，承担了太多的责任吗？"

"是的。"汉娜泪流满面地回答。

"麦克斯和他的新女友过着自由的生活，而你却在照顾你的孩子，你有点难过，是吗？"

"是的。"

"我完全理解这一点。你认为你能做些什么，既使你感觉自己不再孤单，也力所能及？"

我提出这个问题之后，汉娜沉默了，而且是相当长一段时间的沉默。我能从汉娜的脸上看出她的六神无主和愤慨，因为我现在还在认真地问她能做什么，即便她已告诉我她每天要完成那么多的任务。

"你什么意思？"她问，喉咙里像被什么东西堵住了。

她太生气了，我可以感觉到。我又问：

"你认为你能做些什么，既使你不再感到孤独和不公平，同时还能恢复你的力量？"

叮铃铃，汉娜的机会来了。我承认我需要很努力地去问一些我知道可能会让她感到不舒服的问题。但如果我问这些问题能够让她情绪释放，我必须那样做。

汉娜意识到她必须自己做点什么来改变自己的处境。她以前没有想到过这一点，因为她在受害者的位置上迷失了自己。她认为，她的生活只能是这样的，作为一个受伤害的人，她深陷在离婚所造成的伤害中。她因为树木的遮挡而没有看到整个森林。我从她迷失的地方开始，在密集的治疗中把她的个人价值观、她对自己的需求的感受更清晰化，并致力于提高她的沟通技巧，帮助她传达她所感受到的和需要的一切。在某一天，她把她的感受告诉了麦克斯，他表示理解，他甚至想知道她是怎么做到这些的。他同意帮忙，并问汉娜具体如何做才能帮到她。在多次长时间的沟通交谈中，汉娜提到了马格纳斯想和爸爸在没有新女友的情况下，单独一起度过周末。麦克斯表示愿意。从那时起，汉娜每个周末都有了更多的个人时间。麦克斯还帮汉娜完成购物的工作。她每周给麦克斯写一张购物清单，他把所有的东西都送到她家，甚至承担了费用。

你可能认为这对汉娜很好，但不是每个爸爸都会做出这种响应的，你是对的。但这不是这个案例的重点。重点是我们要明白，我们自己也能为我们生活的改变做点事。如果麦克斯没有帮助汉娜，她会用她的新发现寻找其他解决方案。

离婚的人不应持续处于受害者的角色中。你应该了解你自己，知道自己的长处和局限性，不应惧怕发挥自己的长处，要针对自己的局限性进行沟通交流。我们中的许多人在孩提时代就失去了自我效能感。像"你还不能做到这一点""这不适合你""你不够大/聪明/快/漂亮/强壮"这样的句子曾经伴随着我们中的许多人。为了不失去与父母的联系和获得安全感，我们采取了顺从的态度。我们很久以前就明白，我们不想让自己的负面形象影响我们的孩子，我们希望摆脱限制孩子自尊和自我效能感的陈旧观念。在这一章中，我们将非常具体地讨论我们如何能够做到这些，即便在我们自己也有负面经历的情况下。

自我形象

哪个妈妈不知道汉娜的那种过度劳累和无能为力的感觉呢？我们深陷在日常生活中我们作为母亲所面对的所有挑战、任务和责任中，好像这一切都该是母亲要承受的。

在这个位置上，我们感觉到自己无法做主，不得不屈服于所有的限制和过度的要求，并认为这一切是理所当然的。无论伴侣中的哪一位承担在家里陪伴孩子成长的责任，这个人一定十分清楚，当一个人在工作要求很高的情况下工作，却只能得到很低的（社会）认可时，情绪一定会感到十分低落。

对于父母的另一方来说——通常是男性——也会感受到来自家庭生活的巨大挑战。他在工作中投入得太多了，无法实现时间方面的灵活性或自由。他要努力挤出一点时间陪伴孩子和伴侣，但是，他同时还承担着巨大的压力，譬如，不得不挣到很多钱，并把大部分带回家，解决家用。

当然，这样的角色关系不再适用于每个家庭。但是，这种关系仍然符合社会基调，并对作为母亲和父亲的我们产生较大的影响。我想告诉你，其实如何做取决于你和你所做出的决定，取决于你是否信任自己的力量，但最重要的是，我想教你如何学会相信自己。

为了应对挑战，我们需要一种内在的驱动力。我们需要一种力量，能够唤醒我们内心深处的一种坚强意志，在外部环境看起来很艰难的时刻，能够向我们提供驱动力。在教育学中，我们把这种力量称为"内在动机"。为了能够汲取这种内在力量，被称为自我效能感的理念非常重要。"无论如何都不能改变任何事情"的想法使我们陷入被动，放弃自己的责任，并陷入受害者心态。这时，你可能会想，用自己的力量来应对一场危机，甚至一个看似微不足道的挑战，是非常费力的，甚至是不可能的。

自我效能感被认为是培养抗挫力的第3把金钥匙。成功度过危机的人坚信，即使在艰难的情况下，他们也能用自己的力量塑造自己的生活。这也是我们对孩子和我们自己的愿望。

"自我效能感"一词是由加拿大心理学家阿尔伯特·班杜拉创造的。心理学家认为，对自我效能感的期望是人类的自然需求。心理学研究对一般的自我效能感期望和不同的行动特定的自我效能感期望进行了区分。研究表明，对自己的能力拥有强烈信念的人在完成任务时表现出更强的锲而不舍的精神，焦虑和抑郁的易感性更低，在学术研究和职业生涯中能取得更大的成功。[2]

许多父母希望自己的孩子相信能够通过自己的努力对生活产生积极的影响。在这一点上，你也许会问："我怎样才能让我的孩子内化这种理念呢？"也许你非常希望你的孩子知道自己的长处，也知道自己的极限；也许你希望你的孩子在任何情况下，都能坚定地相信自己掌握着一些东西；也许当你自己还是个孩子的时候，你有过被限制和被责备的经历，并且非常清楚地记得当你的父母或其他照料你的人对你设定限制时自己的无能为力感。你希望你的孩子拥有不同的经历。你可能想要知道现在应该从哪里着手。"童年是什么样的？在哪里可以体验到自我效能感？作为一位母亲，我现在能为自己和我的日常生活做些什么？我应该先鼓励我的孩子，还是先鼓励我自己？"

我想告诉你：是的，我们和我们自己生活的方式确实对我们的孩子存在很大的影响。但是，这并不一定意味着你必须把自己童年所受到的限制传递给下一代。而且,"你必须让你的孩子提前完成所有的内化工作"这种说法完全是胡说八道。当然,这样做一定会有所帮助,但是你可以在任何时候、任何时刻、任何一秒钟为自己做出决定,学习一些新的东西,或者走一条完全不同的道路。在学习自我效能感的过程中,和你的孩子一起走上这条路是特别有价值的。因为这样你的孩子就能目睹所发生的一切,从而拥有个人责任感和主动性,在自己的生活中有所作为。

在这一点上,我想给你一些个人见解和想法,可以促使你自己和孩子形成自我效能感。我邀请你看一下你想要尝试哪些方式,并最终自己整合这些方式。这时,首选项可以像每个孩子、每位妈妈以及每个家庭一样,都是个体化的。

上面提到的心理学家班杜拉提到有4个不同的来源[3],可以对一个人的自我效能感产生积极影响。

自我成就感(对掌控的体验)

个人在应对挑战方面的成功可以强化对自己能力的信心。我们要认可我们的能力并将其内化。所以,我们应该经常问自己和我们的孩子:我们取得了什么成就?是什么样的行为表现、特质和能力使我们取得了这些成就?意识到这些将使我们变得更强大。

以他人为榜样

阿尔伯特·班杜拉说，如果其他人通过技能掌控了一个与你遇到的问题相似或同等的问题，那么你就会拥有更大的信心。下面这句话也十分有用：与被观察者的相似性越大，其榜样的影响力就越大。因此，环顾你的周围，看看其他境况像你一样但是已经克服了许多挑战的父母，可能也是一件十分有意义的事情，也许这样能够向你提供帮助，向你展示各种可能性。另外，十分重要的一点是：要避免进行直接比较。每个人都站在自己生命旅程中的不同时间点上，背着自己的人生包袱，里面装满了个人的印记和生活经历。特别是对于我们的孩子，我们需要特别小心：与他人进行直接强制性的比较会给孩子带来巨大的压力，并最终导致恰恰相反的结果，即孩子的自尊心被降低了。因此，尽可能不与孩子的个人品质相关联，而是介绍那些在培养自我效能感方面获得积极经验的人。我们总是能够感受到自己的内心的。那个人是能够激励我们进入充实的状态并充满力量，同时愉快地将自己的生活掌握在自己的手中的，还是让我们陷入一种对我们有毒的比较之中，使得我们感到自己是没有价值的，无能为力的？当然要选择第一个选项！

正面鼓励（以言语劝说）

根据班杜拉的说法，那些能够被说服且被其他人相信能够掌控特定情境的人，更容易把工作做好。因此，如果你信任你的孩子，并鼓励孩子使用自己的力量，可以强化孩子的自我效能感。对我们中的很多人来说，这是一种全新的态度。我们自己可能在一种强横的专制方式下接受了服从的教育，自由发展自己的优势并不被重视。因此，有时，当我们否认孩子的能力（例如，怀疑、责备、过度保护、要求服从和遵从社会规范）的时候，当我们通过过度刺激（例如，人为地创造具有挑战性的情境，夸张地为孩子欢呼和庆祝）来压制他们的时候，我们的行为可能缺少合理性。我们同样还应该时刻保持警惕：如果我们一次又一次地通过人为方式创造竞争态势来挑战我们的孩子，就会使我们的孩子失去动力。如果失败了，他很可能会感到不知所措。在最坏的情况下，他会为没有实现父母的愿望而感到羞愧。在操场上人为制造挑战，鼓励孩子爬上攀爬架的最高处，如果这对你的孩子来说并不是十分有趣的，结果就会适得其反。不过，如果你的孩子独自爬上攀爬架，不敢再往上爬，你可以温和地说服孩子，并站在他的身边看护他，以提供安全保障和支持。

自我调节（情绪唤醒）

心悸、出汗、手颤抖、打寒战、恶心等症状的出现，通常与紧张或焦虑等情绪反应有关。上述体征经常被我们解释为弱点，引发对自我的怀疑。也许你在与婆婆谈话的

过程中，因为无法忍受她谈论孩子的方式，曾经手心冒汗，心怦怦直跳。也许你对自己进行评判，认为自己不稳定，这反过来又让你失去应关注的焦点，只想着这种情况所造成的压力，于是你不再与自我是一个整体了。健康地处理这些身体应激反应，如学习身体放松技巧，可以帮助你更加专注并轻松地应对挑战。

自我优化与自我过高估计

接受自己的一切，关注自己的优势！这是我想给你的指导原则。

现在，如果你需要打电话给你的婆婆，告诉她你的想法，理所当然，你可以这么做。但是，你可能不会打这个电话。当我们回到自我效能感的信念并感知自己的需要时，我们应该同时保持对他人的同理心。这里就需要掌握一个度。如果我们让自己在受害者心态中退缩一辈子，那么一旦我们认识到受害者心态是徒劳的，我们就有滑向相反的极端的危险境地，会突然听到我们内心"暗黑小孩"的声音，声音极大且不计后果地要求获得曾经被拒绝的一切。

在这种情况下可能出现的危险是，我们会陷入一种自恋状态，只能看到自己的需求。

是的，重要的是，作为父母，我们要看清楚自己的能量储备和需求，同时，我们也应始终考虑到我们孩子的需求。这并不意味着我们必须满足我们孩子的每一个愿望，为此我们得日复一日地拖着疲惫的自己前行。我们要找到健康的平衡。如果我们的父母没有给我们树立榜样，那么我们就要自己去找。也许你的胃里已经有一种不适感，在每次你不再镇定时；也许你完全明白孩子的新形象应该是什么样子的，你也很清楚你自己的目标——以需求为导向陪伴自己的孩子。但是，这在实践中应该如何做呢？你知道有这样的书和那样的书，你也浏览过很多博客，但是，在你的日常生活中，问题却一次又一次地出现。你可能没有去亲身体验保持与孩子的视线处于同一水平是什么样的感受，但是，你一次又一次地遇到让你感到伤心或生气的事。你的父母怎么能这样对待你呢？他们怎么能让尖叫的孩子自己一个人躺在床上呢？他们怎么能因为一个掉下桌子的盘子而惩罚孩子呢？他们怎么能对着没把盘子里的食物吃干净的孩子大喊大叫呢？他们怎么能……"我肯定不会那么做"，你可能会这样想。就在你刚好终于想要读一本好书的时候，你的孩子把你最喜欢的杯子从桌子上推下来摔坏了。杯子碎成了好几块，地上全是玻璃渣，这刚好激起了你的坏情绪。你对着孩子大喊大叫，责备他为什么不注意一点，然后把他的玩具全都拿走，并把他关进一个房间。到了晚上，你为自己再次犯错而烦恼——你的行为对你的孩子造成了太大的伤害，你还让孩子带着极度的内疚入睡！

羞愧

羞愧对你自己和你的孩子都没有什么帮助。当然，愤怒和沮丧是显而易见的，我十分清楚这一点。当我意识到我在幼儿园里被对待的方式非常不好的时候，我也异常气愤。但是，把这种愤怒发泄给当时所涉及的人，只会使我更进一步陷入耻辱和受害者心态的恶性循环中。我想用一个具体的例子来解释这一点。我大约在3岁的时候，决定不再吃肉。我身边没有人是素食主义者，但我对肉产生了如此强烈的厌恶感，以至于我宁愿什么都不吃，也不愿意吃肉。我妈妈可能觉得这实在太令人惊讶且不安，但这并没有困扰她，因为我的妈妈是一位单身母亲，我们与我的父亲之间没有太多的接触，也没有获得他的帮助，大部分的工作日我都是一个人在幼儿园度过的。我永远不会忘记我那天吃午饭第一次拒绝吃肉时的感受。我不想把盘子里的东西都吃光，这激怒了我的老师。她强迫我把盘子里的东西吃光，不允许我未吃完就从餐桌旁站起来。我再也不想吃肉了，所以我坐在那盘卷心菜卷面前。我肯定一个人在盘子前坐了大约3个小时，直到我太想玩了，我才强迫自己吃了这个卷心菜卷。我吐了起来，但是别人给了我一个新的盘子和菜卷，让我坐在那里，直到我吃完为止。

我吐了之后就不想碰任何东西了。我一直坐在那张桌子旁边，直到我妈妈在下午5点的时候来接我。尽管我妈妈进行了投诉，但我的老师还是在大约3年后才能容忍我不吃肉。

你怎么能如此以不尊重的态度对待一个只有3岁的孩子呢？你怎么能让一个小女孩坐在盘子面前几个小时呢？在我21岁左右的时候，作为我的研究的一部分，我第一次用批判性的思维反思这段经历，我出离愤怒了。我把我生活中所有出错的事情都归咎于"坏的教育工作者"看起来是合理的。我父母的离婚、邪恶的老师、讨厌的同学——林林总总放在一起，在我看来，这些都是我不敢说"不"的原因，即使在十分琐碎的事情上也是如此。毕竟，我知道，如果我坚持自己的意愿，我会遇到很大的麻烦，我会变成孤孤单单的一个人。但是我无法接受这种态度。从接受的角度看，十分重要的是要认识到究竟是哪些经历塑造了今天的我们。知晓触发点和我们的行为之间的关联是十分有用的。这个时候，我们可以直面我们的自我效能感：我们能否意识到我们不再是那个受伤的小孩子了？在此时此刻，我们已经是成年人了，我们开始负责照顾我们自己的孩子。责备我们的父母，甚至我们自己，并不能把我们引向正确的方向。

真的，羞愧永远不会把我们引向"充满爱的陪伴"这个方向。我们必须承认，现在我们已经可以体验到自我效能感了。我们可以自己决定是否要与父母进行交谈，反思过去的事情。我们可以感觉到并看看我们是否想问一下他们当时的动机,但最重要的是,我们可以在此时此刻把自己的生活掌握在自己手中。

回顾与寻找新的道路

马歇尔·罗森博格在他的非暴力沟通概念中,假设每个人都在利用他自己可以利用的资源做他所能做到的最好的事情(我将在第5把金钥匙"塑造关系"的案例中进行详细解读)。我也想推荐这个方法,在一定的情感距离之外,观看那些藏在身后的、在你童年时期塑造了你的行为的人。如果我们回顾一下约翰娜·哈勒在纳粹时代的育儿观,我们可以得出一个有价值的看法:直到20世纪80年代,约翰娜写的书一直被认为是经典之作,并且可以在书店买到。所以你的父母告诉他们自己,最重要的是不要宠坏孩子,然后你的父母采取了行动,他们想为你做点有益的事。即便在今天,我仍然为那些显然对儿童会造成持久伤害的行为而感到羞耻。同时,我也知道,不断地感到羞耻和不断地责备他人会让人一次又一次地把关注点集中到痛苦之上。然而,为了最终找到摆脱这种痛苦的办法,我们需要把重点放在可能存在的解决办法上。稍后我们再谈更多有关的内容。

那么你具体能做点什么呢?你的经历给你留下了持久的印象,同时你也想走一条不同的道路。我建议你把"接受"和"自我效能感"结合到一起,充满爱意地看待你的境况。什么对现在的你和家庭的未来很重要？你想怎样安排你的人际关系和家庭生活？如果你已经90岁了（或更大的年纪），你想对自己和你的母亲或父亲说些什么？

找到一个指南针，一次又一次地让它给你指明道路的方向，是非常有帮助的。你可能已经接纳了某些价值观，并将其融入你的生活中，但是这些价值观并不适合你，无论它们是来自你的父母、你在学校的经历，还是来自当前社会对称职父母的期望——有时我们一直试图满足对我们自己来说并不重要的期望。也许你的父母要求你绝对服从，因为他们自己也不知道有其他什么路可以走。

尽管如此，如何做取决于我们自己。检查一下我们童年的信念中哪些仍然真正能够为我们服务，哪些我们可以一点一点地摈弃。下面列出了一些问题和可能的价值观，可以帮助你找到你个人的价值观。

每当你进入一个被激发的状况时，请试着通过有意识的呼吸来稳定自己的情绪，对你周围的不同物体进行命名，或者数你手镯上的珠子，然后问问自己：根据你为自己所确定的价值观，你的行为应该是什么样子的？

- 怎样做才能成为一名好的母亲？怎样做才能成为一名好的父亲？你写下的内容真的适合你自己吗？你想坚持遵守下去还是放弃？
- 如果你是最坏版本的自己，你会是怎样的？是什么让你成为那个最坏版本的你？你写的真的只是负面的吗？你想坚持遵守下去还是放弃？
- 你必须如何表现才能让你的父母特别爱你？
- 最好版本的你将会是什么样子的？是什么让你成为那样的人？

可能的价值观：

冒险、正念、接受、尊重、正派、美观、开放思维、专注、均衡、真实、坚毅、谦虚、感恩、谦卑、守纪律、效能、诚实、共情、果断、勤勉、抗挫力、自由、喜悦、和平、耐心、诚恳、正义、健康、慷慨、善良、和谐、热情、乐于助人、奉献、礼貌、幽默、创新、诚信、直觉、智慧、控制、创造力、激情、轻快、忠诚、同情心、勇气、可持续性、仁爱、中立、风度、细致、专业性、守时、现实主义、诚实、尊重、深思熟虑、平静、温柔、干净利索、自律、自信、安全、勤勉、节俭、快乐、透明、忠实、独立、有责任感、可靠、信任、智慧、远见、意志力、尊严、意志坚定、钟情、可依赖的、信心。

✓ **清单**

- 自我效能感驱使我们和我们的孩子利用自己的力量去寻找解决问题的方法。
- 建立能够让自己在生活中有所作为而所需的

- 空间。
- 班杜拉列举了四个有助于开发自我效能感的因素：自我成就感，以他人为榜样，正面鼓励和自我调节。
- 我们应该摆脱耻辱感，寻找自己的力量源泉。
- 了解自己的极限，关注自己的优势。在自己的需求和孩子的需求之间实现健康的平衡，在平等的基础上陪伴孩子。

资源工具箱

回答问题

1. 你怎样描述你与自己的关系？你真的喜欢你自己吗？如果不喜欢自己，为什么不喜欢？如果喜欢，为什么喜欢？

2. 你内心有什么你自己拒绝的东西吗，为什么？这种拒绝从何而来？在你自己的童年里，你学到了什么？

3. 在你自己的环境中，哪些关于人的品质是可以容忍的，甚至是被赞美的？当你自己还是个孩子的时候，哪些价值观在你的家庭中是十分重要的？今天又是哪些价值观是十分重要的？

4. 你喜欢粉饰你自己的真实情况还是淡化你所面临的挑战？你是在特定的人面前做这些的吗，为什么？这样做能够帮助你什么？

5. 你有没有觉得自己在和自己作斗争，或者背叛了自己，什么时候？你内心的哪些部分相互之间存在冲突？是什么使其与众不同？它们为什么会发生相互冲突？这些部分真的属于你吗？

6. 你或你的生活中有什么是你绝对不想接受的？如果你接受了，你的感觉会是怎样的？

7. 你是如何度过自己的童年的？哪些是美好的事件，哪些是具挑战性的事件？

8. 你以前对你的父母的感受是什么样的？什么价值观对你父母来说是十分重要的，为什么？

9. 你的父母对他们的童年的感受是什么样的？

10. 你今天对你的父母的感受是什么样的？

11. 你拥有什么样的性格特点或技能？你爱父母，爱到想与他们在一起吗？你想把哪些留给父母？

☀ 成功日记

在日记中，我们通常会记录一天中发生的事情、我们的想法和感受，既有积极的，也有消极的。成功日记是一个特殊的、经典的且浓缩的形式，顾名思义，只关注你日常生活中的成就、成功、实现的目标、喜悦和心动点。你也可以和你的孩子一起写这样的成功日记。

成功日记记录生活中对自己产生积极影响的事情，例如：

- 实现的目标。
- 建设性成果。
- 日常的成功经验。

无论是巨大的成功（比如，孩子换到了一个更合适的幼儿园，他第一次自己系好了鞋带），还是微小的成功（比如，和全家人一起度过了一个美好的夜晚，或者拼出了复杂的乐高塔），都可以记录到成功日记中。通过重点关注自己成功的事情，你可以了解自己的效能，你在你自己和/或孩子的生活中所做的事情就会变得清晰可见。

成功日记的好处是一目了然的：

1. 把你自己的关注重点放在积极的事情上面，不仅可以训练你的自我效能感，而且可以激发你的乐观情绪。

2. 你和孩子一起建立了一条十分好的规则。

3. 你可以用这个规则来有意识地关照自己。

4. 你会通过白纸黑字注意到你自己的优势所在，并能通过这种认识使日常生活变得对你自己更有意义。

5. 你提升了自己的自信心。

6. 你向你的孩子展示了以爱和解决问题为导向的方式看待自己究竟意味着什么。

可以与孩子一起完成的练习

— 找一本你自己非常喜欢的日记本,你的孩子也可以为自己找一本漂亮的日记本。

— 如果你愿意,把提出的问题写在所选的日记本最开始的页面中。

— 建立你自己和孩子回答问题的规则。无论是在早上还是晚上,你都可以做这个练习,这取决于你自己的意愿和你个人的生活节奏。重要的是,不要在可能产生任何压力的情况下做这个练习,并且你自己和孩子都应该是享受这个练习的。你们可以一起听着音乐或依偎在床上……

成功日记——父母版本

— 我今天做得很好的事是:
— 今天我感到十分自豪的事是:
— 我今天为自己做的事是:
— 一个月后我会十分感激的事是:
— 今天和我的孩子在一起令人振奋的经历是:
— 我今天为我的孩子做的事是:
— 我今天学到的关于我自己和我的孩子的东西是:

成功日记——孩子版本

— 我今天做得很好的事是:

- 今天我感到十分自豪的事是：
- 我今天为自己做的事是：
- 我今天为其他人做的事是：
- 我今天学到的新东西是：

☀ 个人口头禅

无论是在私人空间还是在我的专业实践中，我都喜欢使用积极的自我暗示技术。在暗示的过程中，形成个性化的强化用语（口头禅），有助于我们实现我们的目标。这些语句要以积极的方式表述，避免使用"没有"或"不"。

举个例子：你的目标是养成一种更加有意识的、更加健康的饮食方式。

在理想状态下，你要先找出的是目前妨碍你实现目标的想法，例如，你可能认为你自己没有时间。为了找出这些想法，从教练处获得专业指导会非常有帮助。

下面这个示例就是一句积极的肯定句："我现在会有意识地利用时间照顾自己的健康。"

一旦你找到了对自己的肯定之处，你就应该尽可能多地在日常生活中突出它。床头柜上的一张纸条、一件特别的珠宝首饰、一张贴在合适地方的贴纸、一个钥匙圈……这些东西能帮助你在日常生活中提醒你尽可能频繁地肯定自己并内化这种肯定。

在某些情况下，利用积极的思想进行抗争可以被理解为改变的触发因素,但也可能出现某些肯定根本不适合你的情况。如果你对一个肯定的直接反应是"但这不是真的",你可以稍微改变一下肯定的方式,将"我是有价值的"变成"我现在是有价值的"。

通过"现在"这个小小的修饰词,你向自己的潜意识发出信号,你得认可这个说法。此外,你说的是你想从现在开始走上一条全新的道路。

作为一天的开始,你可以把本书放在你的床头柜上,在早上的时候寻找你一天中肯定自己的灵感。你可以把你对自己的肯定带进你的每一天,用一件特别的珠宝首饰、一个闹钟或一块特别的石头提醒自己,要以仁慈和充满爱的态度与自己沟通交流。

因为归根结底,这种内在的力量,以及我们对自己的爱的方式,才是我们真正想给孩子的,不是吗?让我们为他树立一个榜样吧!

> *"注意你的思想,*
> *思想将转变成你的言语。*
> *注意你的言语,*
> *言语将转变成你的行为。*
> *注意你的行为,*
> *行为将转变成你的习惯。*

注意你的习惯，

习惯将转变成你的性格。

注意你的性格，

性格将转变成你的命运。"

——中国谚语

积极正面的肯定清单

- 简洁的句子。
- 正面的措辞（没有否定词）。
- 用现在时表达。
- 认识并认可压力，满足与抗压对应的需求。

☀ 送给孩子"我是"之手

"我是"之手对你的孩子来说是一个既简单又有效的练习，可以用来强化他的自信。"自我意识"一词由"自我"和"意识"组成。认识到自己的极限在哪里，就像知道自己的长处一样有价值。否则，我们怎么能意识到我们已经到达了该寻求帮助或支持变得非常重要的地步呢？"我是"之手能够帮助孩子认识自己和自己的极限，并强化个人的力量。

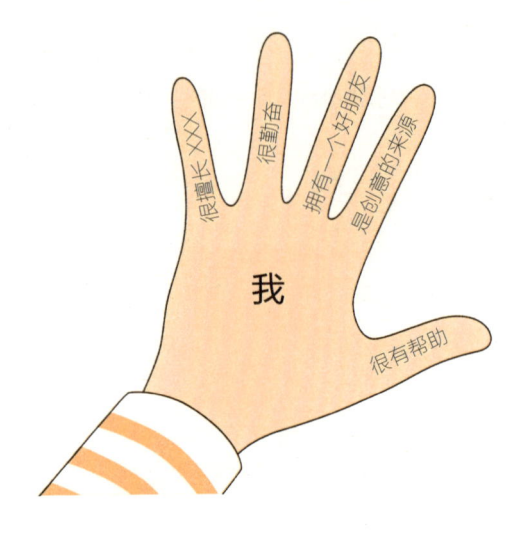

手掌标注：
- 很擅长 XXX
- 很勤奋
- 拥有一个好朋友
- 是创意的来源
- 很有帮助
- 我

可以与孩子一起完成的练习

让孩子伸出一只手，每根手指代表一朵花，这样孩子的一只手就代表"成长之花"。让孩子分别说出每朵花的含义，一根手指代表一个品质、能力或态度。例如，你的孩子发现自己很难拉上夹克衫的拉链，这就可以构成成长之花的一个花朵。另一只手象征着"力量之花"，一根手指代表一种力量，这些力量可以在一天、一周或一个月的时间里显现出来。当"成长之花"变成"力量之花"时，一切就会变得特别美好。在上面举的例子中，一旦孩子学会了自己拉上夹克衫的拉链，这种能力就转移到另一只手上，成为"力量之花"的一个花朵，你的孩子就会体验到获得一种力量的喜悦和自豪感。

首先,你寻找到 5 种力量,分别指定给每一朵花,你在手掌的掌心上拍一下,然后拍一下花,也就是手指。你说——

成长之花:

- "我是在拉拉链的过程中成长的。"
- "我是在打鸡蛋的过程中成长的。"
- "我是在和平地表达愤怒的过程中成长的。"

力量之花:

- "我是一个很好的厨师。"
- "我是一个很好的朋友。"
- "我对别人有帮助。"

你可以在日常生活中随时进行这个练习。需要注意的是,你应该在孩子愿意的时候进行这个练习,而不能强迫孩子做这个练习。

💡 资源清单

给孩子的

- 让你的孩子做家务。
- 让你的孩子自己买穿的衣服。
- 让你的孩子自己在收银台付款。
- 让你的孩子自己设计自己的房间。

- 让你的孩子自己播种并照顾植物。
- 允许你的孩子有自己的爱好，无论是参加唱诗班还是练习武术。
- 让你的孩子承担照料一只宠物的责任，培养孩子的创造力（绘画、做手工活）。
- 让你的孩子列出自己想做什么的想法清单。
- 让你的孩子拥有攀登/游乐场嬉戏的体验。
- 帮助你的孩子实现生活自理。
- 邀请你的孩子去厨房做帮手。
- 允许你的孩子利用电子媒体进行沟通（例如，创建自己的微博）。
- 鼓励你的孩子撰写并设计自己的书。
- 建议你的孩子在祖父母购物时提供帮助。
- 让你的孩子保存一个"我能做到"的清单。
- 积极地互相倾听。
- 如果你的孩子感兴趣，允许他学习编程并创建自己的内容。
- 鼓励你的孩子写一首歌。
- 鼓励你的孩子讲笑话，让自己和别人开怀大笑！
- 让你的孩子自己做一个"请勿打扰"的标志。
- 让你的孩子定期从图书馆借阅书籍，与朋友组织一个阅读圈或定期购买新的图书，以此来鼓励他阅读。

给父母的

- 组织支持工作（制订清洁、照料、购物计划）。
- 积极搜索可以提供支持的应用程序（膳食规划、项目管理）。
- 记成功日记。
- 把你的注意力集中到你对孩子生活干预的有效性上。有意识地规划自己的饮食计划。
- 在你的日常生活中加入一些小的仪式（晚上用你最喜欢的面霜护肤，有 15 分钟的阅读时间）。
- 与他人分享自己的经验、想法和问题，时常进行自我反思。
- 帮助需要帮助的人。
- 照料小动物。
- 进行非暴力沟通的实践（说出关于你自己的真实故事）。
- 早点睡觉（有意识地做出决定）。
- 找到那些在相似的挑战中成功的人，阅读/聆听他们的故事，甚至与他们交流。

4. 承担责任——处理错误

"那些害怕承担责任的人
越来越屈服于他人的意愿，
不得不眼睁睁地看着
自己可以获得的更大收益流向陌生人。"

普伦蒂斯·马尔福德

  培养抗挫力的第4把金钥匙是"承担责任"。我能听到你的呻吟声，我也能充分理解你，毕竟，作为一名母亲或父亲，你已经拥有要承担的责任，它每天都像一个装满石头的背包压在你身上。然而，在这一章中，我会谈到随心所欲地做自己想做的事儿，生活会变得多么丰富多彩，甚至是多么自由，多么轻松惬意。同时，我想说的是，我们必须对自己的行为承担全部责任，而不是把责任推给我们的孩子。我想邀请你走出内疚和羞愧心态，仔细看看这些感觉是从哪里来的，以及我们和我们的孩子的机遇在哪里。

  我们处理错误的方式也很重要。你知道金津木吗？这是日本传统的陶瓷修复艺术的名称。如果一个花瓶掉在地上，摔得支离破碎，这时我们仅仅看到的是毁灭，把我们曾经非常喜爱的花瓶的瓷片扔进垃圾桶里，还是看到了会有一种新的美诞生？

在金津木技术中，碎片被按照花瓶原来的形状粘在一起，但裂缝仍然可见，而不是掩盖它们，破损的痕迹甚至被描成金色。一个新的花瓶就此被创造出来了，尽管经历了破坏，但是现在变得非常独特。

拥有内在的力量并不意味着确保物品永不破碎，人永不犯错。拥有内在的力量，在抗挫力的意义上，意味着经历痛苦，并从这种体验中用新的勇气直面生活。我们不是对痛苦不敏感，而是我们更坚强。

如果你觉得这听起来非常新奇，本章很可能会令你感到特别振奋，其中一些内容可能成为你的触发点。作为一位母亲、一位伴侣、一位朋友、一位自由职业者，我在日常生活中能体验到这一点：正是触发点提示我们可以采用一种全新的以解决问题为导向的方法来解决问题，通过这种方法，我们可以解放自己。非常感谢你能够让我和这本书一起陪伴你的旅程！

来自咨询时段的实例：适应环境的障碍

❤科琳娜第一次来找我进行咨询时，她刚刚停止了与她3岁的女儿海伦在幼儿园的生活。一切开始得很好：科琳娜一开始就想把一切都做对，并且已经和她女儿的未来看护人员进行了一些初步的交流。她计划至少前3个月以陪伴的方式让女儿进行调整。我想强调的是，我觉得这很好，以温和的方式让孩子适应幼儿园的生活绝对对孩子有好处。但是，对于科琳娜来说，这种关怀背后有着另一层意思，这是我们后来才发现的。

科琳娜陪海伦去了幼儿园。她没有离开过女儿的身边，她想成为女儿的避风港，永远在场，永远陪在她身边，在尊重的前提下感知女儿的所有感受和需求。第一个星期，当一位老师卡琳询问海伦是否愿意和她一起去做手工艺品的桌子旁的时候，科琳娜开口说自己想要与海伦沟通一下孩子自己的想法。科琳娜为此感到非常自豪，因为她拥有一种自己为女儿挺身而出的感觉。

类似的情况越来越多，即便已经度过了5个星期，海伦仍然不愿离开母亲的身边。科琳娜感到很难办。在一对一的谈话中，老师们向她反映了他们的看法，但是科琳娜太固执了，听不进去。科琳娜感到非常不安，她想知道到底是她做错了什么，还是老师们无能。

我们一起打开了科琳娜在适应过程中的情感空间，我们使用8把金钥匙对她的情况进行反思，发现她在"承担责任"这个方面很有问题。科琳娜非常害怕犯错误。根据她自己的评估，她在幼儿园的某些情境中确实有些问题，她感觉到了一种发自内心的抗拒：老师们还太肤浅，自己的女儿还没有做好准备，对老师还没有建立起信任。她发现了许多问题,并认为这些妨碍了她自己成功地适应这一过程。

我们进行了更进一步的探讨,发现科琳娜自己在幼儿园的时期拥有非常不好的经历。这对科琳娜来说是一个重大突破。因此,我们制订了一个计划,在这个计划中,她采用非暴力沟通方式,与老师们分享她小时候在幼儿园所经历的事情。她披露了自己面对的所有恐惧,并请求大家支持她。老师们对此表现出极大的开放心态,他们不仅对于与海伦,而且对于与科琳娜建立信任关系非常感兴趣。

最后,科琳娜为能够顺利度过这段艰难的适应期而感到自豪。她承担了对自己的恐惧所需承担的全部责任,感受到了自我效能感,也感受到了自己的坚强。

通过承担责任而获得自由和内在力量

承担个人责任能够获得一种十分丰富且自由惬意的感觉。把错误、不幸或承受痛苦的责任推给别人或外部环境当然是很容易做到的:别人是罪魁祸首,你所要做的只是指指点点,反复解释别人对你的打击有多大。但从长远来看,这绝对不是一个好的办法。在每一种情况中,我们都有自己需要承担的部分。即使面对所爱的人将来不可避免的死亡,我们也可以把我们的关注点集中在我们的个人责任上,寻找我们内在的力量,勇敢地应对与之相关的深深的哀痛这一挑战。因此,归根结底,我们是否会一次又一次地陷入痛苦之中，为自己和逝去的人感到难过，取决于我们自己。我们可以通过暴饮暴食、酗酒或痴迷于运动等方式来麻木我们的哀伤；我们也可以寻找其他方法，以温柔且充满爱的方式处理悲伤。例如，我们可以参加冥想课程，举行具有象征性的告别仪式，以及把对逝者的爱深埋在心中；还可以和孩子一起探讨生命这个重要主题，并找到很好的关于死亡的书籍。也许，考虑到"生命是有限的"这个本质，我们最终会开始去上钢琴课，或者实现我们愿望清单中的项目。

个人责任感意味着在不得不继续承受痛苦和苦难，以及进入新的未知领域这两个选项中，掌握选择权；个人责任感意味着在生活中主动掌控并填满自己的空间；个人责任感意味着为自己以及自己的需求和价值观勇敢地站起来，而不是被动地等待和期望，直到某个来自外部的救赎降临我们的生活中。个人责任感能产生一种力量。

我们已经谈到了我们这一代人扮演父母角色时所处的转折点。为了真正摆脱强迫和严格服从的模式，走向自主和拥有同理心之路，我们绝不能忘记需要承担责任这个重要步骤。例如，如果孩子把我们最喜欢的杯子碰落到地板上，而他再一次十分不安分地坐在桌子旁时，我们中的许多人就会处于一种愤怒中："我已经说过1000次了！你就不能注意一点吗？！你让我非常生气！滚到我的视线之外，快点滚！"孩子哭着从你身边跑开，随手迅速把门关上。这时你依然怒气冲天，但这种愤怒的背后隐藏着你自己的内疚。

把错误看成机会

你犯了一个错误，不断地大喊大叫，暴跳如雷，并没有表现出你自己所期望的样子。这个时候，让你的父母对自己的情绪崩溃负责是一个轻松的理由，也非常顺手，因为在这种情况下他们可能会抽你一个嘴巴，或者你也可能会被禁足一个星期。一直藏在你心中的那个童年的"暗黑小孩"就刚好被触发了。而现在，你自己的孩子的粗心大意真的已经让你精疲力竭了。在你的情绪即将爆发的时刻，你要对自己喊"停"。

如果你继续允许那个"暗黑小孩"留在那里，我确信这种情况或类似的情况还会在下一个场景中再次出现。你的孩子很可能会因为他必须无条件合作而对自己产生怀疑，感到羞愧并逐渐变得无条件服从。在成年之后，他就会变得像你一样，因为某些小事而歇斯底里。你也就"成功地"错过了可以逆转这件事的转折点。现在你读这本书并不是无缘无故的，也许我在这本书中刚好说到了你的痛处，也许你已经知道了如何增强个人责任感，也知道了可以使用的各种的工具，比如非暴力沟通、处理藏在内心深处的那个"暗黑小孩"的方式。你也会冥想和反思，但这种情况仍然一次又一次地在你身上发生。愤怒、悲伤或受挫感等彻底压倒了你，你的孩子看到了你不应该让他看到的一面。这也可能会发生在我身上，我可以告诉你，我认识的每个人都是这样的。

这就是为什么我认为特别重要的是，需要讨论与个人责任感相关的错误。无论你具有多么好的反思心态和平衡心态，无论你读了多少本书、参加了多少次研讨会，无论你接受过多少次各种不同的教育，无论你在家庭生活中融入了多少全新的策略，你都会一次又一次地犯错，我保证！因此，作为父母，站在这个重要的转折点处，我们真正需要做的是以充满爱和解决问题为导向的方式处理我们的错误。承担个人责任不仅意味着对自己的感受承担全部责任，而且更重要的是对自己的行为承担全部责任。

事实上，能够把事情做得问心无愧的感觉真的非常好！我们内心的内疚感真的非常可怕，但这也向我们指出了重要的方向！我们的内心告诉我们什么时候我们做了一些不符合我们内在价值观的事情。是的，如果我们做错了什么，我们的内心会告诉我们。

犯错是生活中不可或缺的一部分，尤其是当我们扮演父母角色的时候，我们的错误还会对我们的孩子产生某种程度的影响。我们不能对此置之不理！如果我们的孩子拥有的印象是他的父母是正确无误的，那将是多么的遗憾啊！他会认为我们所说的、所做的一切都是唯一正确的标准，每当他无法达到我们的标准时，他就会隐藏自己的想法。我们的孩子拥有某种程序，确保自己始终能够适应所处的环境。他依赖我们和我们的善意。当事情对他来说过于复杂的时候，他就会调整自己，以便达到我们为其设定的标准。当我们告诉他我们不会犯错时，孩子会理解为这是一个重要的提示，他应该按照我们预期的方式做各种事情，而不是提出质疑。

  在上文中我提到了你最喜欢的杯子被打碎这个例子，这究竟意味着什么？你的孩子会感到羞愧，对自己感到失望，可能会非常害怕你不再爱他，因为他把你的杯子弄坏了。这会让你感到内疚，因为——根据你自己的说法——这让你很生气，他的自尊也遭受到沉重的打击。相反，如果你的孩子在家里已经学会了以解决问题为导向的策略，用充满爱的方式对待自己和他人的错误会意味着什么呢？如果你让孩子知道，你愿意为自己的错误承担责任并且愿意为他挺身而出，那该有多好啊！如果你的孩子能体验到即便他弄坏了你最喜欢的杯子，他仍然是最好的存在，他会有多好的感觉啊！如果你的孩子知道他与你和所有其他家庭成员是以平等的方式生活的，一旦他受到了不公正的对待，将会听到一个道歉，那该有多好啊！

  为自己的错误承担责任意味着从自己的行为中得到和接受合乎逻辑的结论，并在家庭这个背景条件下承担责任。具体来说，这意味着什么呢？在你最喜欢的杯子被打碎这个例子中，你首先要为你因爆发愤怒而产生的内疚腾出空间。你刚才把你产生这种强烈感觉的责任推给了孩子。你可能仍然还在感到愤怒，却是因为你的内心被触发了一个很久以前的情绪，这个情绪被自由地表露出来了，也被其他人感觉到了。你终于可以感受到你内心的一切了。也许你的羞愧与愤怒被混合在了一起，也许你还会流眼泪，但这一切都是可以被接受的。你很好——就像你现在的样子。你可以犯错，重要的不是你是否犯错了，而是你如何处理错误。

你可以去找你的孩子，问他你是否可以进入他的房间。你要不带任何批判色彩描述刚才发生的事情：

"你刚才在玩，没有看到杯子。你的胳膊撞到杯子，杯子掉下来摔碎了。我对你大喊大叫，说是你的错误造成了我的愤怒，我还把你赶回你的房间。"

通过这种方式，你向你的孩子展示了你是如何看待这件事的，你的孩子也可以获得机会了解"到底发生了什么"。很可能，你的孩子被刚才的事吓蒙了。

然后你可以告诉你的孩子，如果他需要对你的反应承担全部责任，是不公平的且与责任是不相称的。你可以告诉他，你很抱歉对他用那么大的声音、那么刻薄的方式说话，你真的希望你们彼此能够保持友好和公平的关系。你告诉你的孩子你感到非常愤怒，但你不知道该怎么处理愤怒，你会想办法以后学会处理这种情绪。同时，你应该指出，小心地对待你的财物也是很重要的事情。你希望孩子在餐桌旁玩耍的时候小心一点。(注意,在这种情况下,当你看到孩子在桌子旁嬉闹时,你个人如果拥有完整的自我责任模式,你可能会要求你自己把杯子收起来。)你的孩子会因为你的道歉而学会感激。孩子会在某个层面上体验到一种美妙感——他是被爱着的,即便他已经犯了一个错误。在另一个层面上,你的孩子会体验到通过爱和承担个人责任来处理自己的错误具体含义是什么。

承担个人责任

主动对别人道歉是有效的方式,这表明你明白你犯了一个错误。但所发生的一切肯定已经无法挽回,你是否被原谅应该由受害者决定。

你的孩子永远不应该对你自己的感觉和情绪负责。当然,这些感觉和情绪被触发的次数可能高达每天 3 798 775 次。然而,你如何处理这些感觉和情绪应由你自己承担百分之百的责任。无论你是大喊大叫还是骂人,是发泄愤怒还是"砰"的一声把门关上,你都要对这样的行为负责。

我们要将自己从承认错误的恐惧中解放出来,因为这并不是坏事,而是好事!当我们意识到我们必须承担全部责任时,即便我们内心中住着一个"暗黑小孩",我们都会在一个全新的方向上积极向上!我们可以采取行动,在阅读了 100 本书、参加了 20 次研讨会之后,把目光投向我们自己的日常生活。尽管我们希望这样做,但如果我们不以需求为导向，我们怎么可能做到呢？当我们心中的"暗黑小孩"出现的时候，或者当我们在压力下试图与我们的孩子共度时光时，我们能做些什么呢？

也许你还记得我在第1把金钥匙中提到的接受和承诺疗法吧？这种方法的一个关键点就是与当前时刻建立联系。通过你为了这些时刻而专门训练的某些行为，你可以承担自己应该承担的责任，弥补你的错误所带来的影响，并以充满爱的方式将自己引导到新的方向上。在下文中，我将向你介绍一些办法，使你即便在失去控制的那一刻，也可以负责任地用以解决问题为导向的方式处理困难的处境。

一旦你意识到你即将犯错，或者你已经走得太远了，你的内疚会让你心痛，这时可以问自己下列问题：

- 我现在正在想什么？
- 我正在看什么？
- 我现在最害怕的是什么？

尝试用鼻子深吸气，并用嘴呼出。说出你周围至少5个物品的名字。让你所有的与相应感受相关的想法轻轻流淌，穿过你的身体，从你的身体内流走。给这些想法一个空间，记住，这些想法为你指明了通往满足你的需求的道路，此时此刻，你正在与你自己沟通交流：

- 你的脚在哪里？
- 感觉怎么样？

- 当你抬头往上看的时候，你看到了什么？
- 当你低头往下看的时候，你看到了什么？

这些沟通交流将帮助你摆脱那些可能影响你的想法（破坏性的），并与其保持距离。你可以待在那里。但是如果你对于那些想法的认同度过高，你就可能衍生出不负责任的风险。因此，寻求这些想法与现实之间的牢固联系并使自己牢牢地驻足在此时此刻，才是合理的。

我们可以使用资源列表，并且将这些资源加以整合。我想分享更多的方法给你，关于新的以和平的方式，让自己的感觉流淌而过，然后，甚至同时，在一定的距离外观察自己。这些方法可以在两个层面上帮助你。一方面，你手边有具体的选项，可以帮助你避免犯把你不好的情绪归咎于你的孩子的错误；另一方面，通过你自己树立榜样，你的孩子将学会和平的策略，对自己的行为负责。

平息愤怒：

- 跳舞。
- 有意识地呼吸。
- 把玩珠子制成的手串（愤怒时数珠子）。
- 把头埋在枕头里尖叫。
- 对物品进行命名。
- 唱出元音发音的声音。
- 对着枕头咆哮。
- 击打沙袋。

- 在树林里尖叫。
- 撕碎纸张。
- 到浴室中咬住毛巾。

平复悲伤：

- 哭泣。
- 独自待一会儿。
- 呼吸。
- 听忧郁的音乐，让悲伤流淌而过。
- 在大自然中漫步，把头埋进枕头里尖叫，在森林里大叫。
- 尝试亲近他人。
- 举行祈祷等仪式。

将挫折消弭于和平之中：

- 把玩手串。
- 写日记，自由地写各种内容。
- 回顾自己的价值观。
- 寻找与他人的联系。
- 亲切地与他人交流。
- 接受并解决已发现的问题。

心平气和地弥补所犯的错误：

- 弄清楚当前情境。
- 真诚地道歉。
- 为孩子留出空间。

- 不强求别人接受你的道歉。
- 有同理心。
- 在不断犯错误且内心不断出现愧疚情绪的情况下寻求专业人员的帮助。
- 找出犯错背后的原因并探索新的解决方案。

你或你的孩子总会出现犯错的情况。当然，接受并注重纠正不当行为是合理的。但是，在这种情况下，批评你自己或你的孩子的行为，而不是批评你自己或你的孩子的人品是非常重要的！

"你玩得很疯狂，没有看到我的杯子。你把杯子打翻了，杯子摔碎了。我对此非常恼火。"

"你总是坐立不安很烦躁的样子。你非常粗心大意，完全无知无觉！你就不能照我说的做吗？你让我感到厌恶！"

想象一下，你就是那个犯了错的孩子，你感受到这两种话之间的区别了吗？后一种话是针对人的，孩子的问题被归因于品格和人格特质，这样孩子会感到羞愧。直接对孩子的人品进行指责，这样会削弱孩子的自尊心。

前一种话是针对行为的，只是描述了孩子的行为。但是，行为是可以改变的，孩子会明白，某种行为可以构成一个触发因素，但与其个人品质无关。

你可以利用这种方法与你的孩子进行交流，还可以与你自己进行交流！你，曾经也是那个孩子。

✔ 清单

- 你应承担处理你经历的不良体验的责任。
- 承担个人责任意味着需要自由和内在力量。你的孩子永远不应对你的感受负责，而应由你自己负责！
- 需要找到与你的价值观相匹配的方法，处理你的需求和感受。
- 无论你做什么，都有可能犯错。
- 以负责任且以解决问题为导向的方式处理所犯的错是极其重要的。你的孩子会向你学习，并与你一起成长。
- 你的孩子不需要对你的道歉做出回应。
- 每当你提出批评时，无论是对你本人还是对你的孩子，都要坚持只针对行为而不针对人！
- 你要永远对自己充满爱，尝试着为你自己和你的日常家庭生活找到新的选择。

资源工具箱

回答问题

1. 你对"每个人都应对自己负责"这句话有什么看法?
2. 以你的观点来看,一个特别负责任的人有什么样的品格特征?
3. "内疚"对你来说意味着什么?
4. 在完全承担你自己的责任方面,你能看到哪些机会?
5. 在日常家庭生活中是否存在一些特定领域,你很难认识到你自己在其中所占据的那部分?
6. 你如何处理生活中的决定和后果?
7. 在有些时候,你有没有觉得自己是异类?是在什么时候?
8. 你对你生活的愿望是什么?
9. 你能做些什么事情来实现你的愿望?

绘制力量的源泉

在下面的练习中,你需要一张纸、一支笔并在不受干扰的舒适环境中适应几分钟的时间。这个练习的目的是帮助你认识到所有可以整合到你的生活中或者从生活中剔除的事物,以获得承担全部个人责任的力量。如果你觉得很困难，你可以一次又一次地进行这个练习。

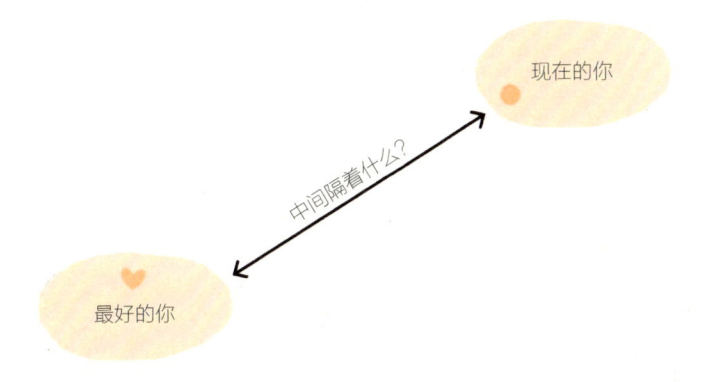

现在的你

中间隔着什么？

最好的你

练习

- 向自己明确一下，在哪些日常生活情境中，你感觉到无能为力，只能听天由命。这就是你要解决的情况。
- 在纸的左下方画一个小的心的形状。这颗心代表着最强大、最有力而且最健康的你——"最好的你"。你身边有这样的人吗？他们是怎么安排日常生活的？在纸上写下来或画出来。
- 现在深切地感受自己，在纸的右上方用一个小圆圈表示无能为力的你——"现在的你"，与"最好的你"之间有一段距离。这象征着你感知到的两种"你"之间的距离。
- 深深地吸气并呼气，释放无能为力的感觉，感受自己的内心，进入"最好的你"的状态，承担全部的责任，自由地经营自己的生活。"现在的你"需要克服哪些障碍才能成为"最好的你"？是什么导致你停下了脚步，是习惯、白日梦，还是旧有的关系模式和角色？

以完全诚实的态度把想法写在你面前的纸上，与"最好的你"保持合理的距离。

- 现在花点时间，在一段距离外观察你自己。有意识地让自己感觉到你可以克服所有障碍和挑战，这样你就可以完全按照自己的意愿经营你的日常生活。你可能会抗拒这样做，下面的情况可能令你火冒三丈且精疲力竭：即便看到你可能会伤害自己，头脑中的那个很微弱的声音却阻止你尝试新的东西。以充满爱的方式接受那个声音，对那个声音想要保护你的想法表示感谢，告诉那个声音你现在已经长大而且已经安全了，你可以照顾好自己。还要非常有意识地感知哪些人和你的哪些品质已经存在，使你更接近"最好的你"或拽着你离得越来越远。

- 最后，你可以画出或写出对"现在的你"提供支持的工具和方法，利用你的一切能量和从这个练习中获得的认知来不断接近"最好的你"。你今天能够做到的是什么？做这些事你需要什么？承担起"最好的你"会承担的责任，为了你自己和你的孩子。

☀ 孩子需要承担的责任

如果你也在培养孩子的自我责任感，那么最合理的方式是在日常生活中一次又一次地向他提供独立行动的机会。

例如，如果你的孩子将饮料弄洒了，用语言说明他应该在他的失误中承担的责任。"哦，你刚才把玻璃杯打翻了，桌子上洒满了橙汁，这里有一块抹布。"你不要为孩子清理烂摊子，而应鼓励孩子对自己所作所为的后果承担责任。

特别重要的是，你应该聚焦于描述行为，同时，你也可以用孩子的成功来培养孩子的责任感。在你描述你的孩子所取得的成就时，他也会对自己的自我效能感和他个人所承担的责任有真切的感受。同时，在具有挑战性和令人鼓舞的情况下支持他承担责任。

一个很好的方式是和孩子一起探索他在不同情况下应该承担的责任。例如，如果你发现你的孩子正在学校、幼儿园或家里经历一个挑战，那就一起去探索吧！

与孩子一起完成的练习

在舒适的环境中和孩子坐在一起，拿出彩色铅笔和几张纸。现在你让孩子准确地描述他目前是如何应对这个挑战的。

这个练习适合已经有能力可以按照这种方式做的孩子。每个孩子在不同年龄拥有不同的能力，如果这个练习不适合你的孩子,那么把重点放在前面描述的你自己做的那个练习上。

但是如果这个练习合适,你就应该记录下你的孩子告诉你的一切。然后,你们一起努力找出孩子的哪些行为以不同的方式对情境产生了影响。

你可以戏谑地将行为表现赋予某个形象,例如,小猫赫里伯特在周末睡得特别晚,现在的时间是上学前的清晨,它特别困。重要的是这时不要评价孩子的行为,更不能贬低孩子的品格。"周末的时候你精力充沛,周一的早上你却很懒"——这种描述方式实际上对孩子的自尊进行了攻击。只要让你的孩子认识到他在做什么,孩子会自己感觉到哪些行为是对的,哪些行为是不对的。你还必须特别小心,不要把别人的感受和情绪归咎到孩子身上。"你把铲子从丽莎手中夺走了,这让她很难过,最后弄得她再也不想和你玩了"这样的说法非常不合适。丽莎怎么对这件事情做出反应是她自己的责任。更合理的说法是:"你拿走了丽莎手中的铲子,她哭了,然后就离开了。"用这种观察的视角表述,孩子就可以在不同的日常情境中获得良好的支持,体会到自己应负的责任。

5. 塑造关系——我并不孤单

"归根结底,是人与人之间的关系赋予了人的价值。"

威廉·冯·洪堡

"塑造关系"这把金钥匙是培养抗挫力的第 5 把金钥匙。你可以放心,每一把金钥匙都是非常重要的。我们以更仔细的方式进行观察后发现,可以通过各种培训扩展并支持前述策略的应用。如果我们越来越得心应手地使用那些策略,当我们面对挑战的时候,我们就越有可能坚强地应对。

如果我们更仔细地研究这第 5 把金钥匙——"塑造关系",一个很大的特性就会越来越清晰,这把金钥匙其实提供了巨大的机会。

我们现在清楚地知道,建立积极、可靠的关系的能力,以及以充满爱、开放且真实的方式引导孩子成长的能力,是一个十分强大的保护性因素——不论是对我们的孩子还是对我们自己。

所以,如果我们期望训练我们内在的抗压能力,最好的办法就是建立良好的关系。这是十分显而易见的,不是吗？

想象一下，如果你在工作中遇到一个喜欢用非常愚蠢和刻薄的方式对待你的老板或同事，同时贬低和欺凌也是司空见惯的事，而你已经开始走上了一条不一样的路，你尝试着通过公开方式交流，寻求支持和帮助，但你仍然无法和那个人和平相处。在最需要的时候，你可以画出一条底线。"我想在那个人不存在的情况下继续我的生活。我可以申请调到另一个部门或者重新找一份新工作。我的生活不可以再因这个人而变得这么糟糕。"你对自己说。

孩子通常没有能力采取此类行动。如果你的孩子和一个气场不合的成年人或同学打交道，如果你的孩子不喜欢他的老师，而老师也可能不把你的孩子当作他最喜欢的孩子对待，那么你的孩子可能就无法像你一样那么轻易地抽身离开。当你还是一个孩子的时候，你很可能遭受过父母滥用个人力量对你的身体或心灵施加惩罚。孩子在很大程度上是任由其最亲密的照料人摆布的。

认识到这一点既是十分痛苦的，同时也能使你获得十分强大的力量。既然你已经读到了这里，我可以认为你还没有肆意滥用你的权利，也不是提倡专制型育儿方式的人。我们需要记住下面这些话：

采用专制型育儿方式的人认为父母在道德上是至高无上的。孩子被认为是一个空的容器，需要被填塞和塑造。孩子必须适应、服从父母。纪律和惩罚是这种专制型权利结构不可分割的组成部分。

另一方面，逆专制型育儿方式，也被称为自由放任型，与专制型育儿方式正好完全相反。孩子不会受到惩罚，但父母也不会对孩子提出任何要求。一切看起来都很好，每个人都是自由的，但孩子有点得不到关注的感觉。在这种情况下，通常父母的行为是非常不一致的，父母对孩子的指导是完全缺位的，孩子会凌驾于父母之上。孩子经常遇到的情况是，父母对他漠不关心。

孩子有接受指导的需求，因为指导可以给孩子安全感。著名的育儿顾问——杰斯珀·朱尔针对这个问题写了一本书《成为领头狼：在家庭中提供充满爱意的指导》（*Leitwölfe Sein:Liebevolle Führung in der Familie*），书中提供了一个明确的框架。在一个极其快节奏的环境中跟随众人的脚步的同时，孩子还必须处理数不清的个人发展问题，因此需要其可靠的照料者提供安全感。

在关于保护因素和风险因素的抗挫力研究中，人们发现专制型育儿方式和逆专制型育儿方式都可能对我们的孩子的健康发展产生明显的风险。因为人际关系中的保护性因素，根植于与自己视线处于同一高度且充满爱的牢固关系的基础上，同时对于孩子来说是可理解的、可靠的，并且以一种基本的安全感为特征。在专制型和逆专制型育儿方式中，是不存在这些关键要点的。只有当我们处于健康的、专制型和逆专制型之间正中的位置时，才可以看到这

些关键要点，而这是一个动态的过程。

如果你小时候所拥有的是专制型父母，那么现在摆脱这种心态将是一项巨大的任务，尤其是在存在压力的情况下。

扭转这一局面是一个巨大的挑战，因为我们童年的经历已经塑造了我们自己的生活。当我们处于重压之下，仍然还没有处理好这些烙印和问题时，我们的大脑就会重新回到我们潜意识中烙印最深刻的模式中。这意味着，如果你处于压力之下，无法接受你小时候被人大喊大叫的情况，同时你的孩子又做了一些能够触发你内心情绪的事，你就会大喊大叫。将新的应对策略整合到一起，将是一条充满艰难困苦、布满荆棘的道路，也是一项艰巨的任务。通往个人自由的、负责任的道路是，由你自己决定你想要在生活中所实现的价值观！

在这条路上，你会一次又一次地向右或向左漂移——这是可以接受的，主要取决于你如何处理发生的偏离。你是否对此承担了应承担的责任，向你的孩子发出信号并与孩子做了沟通？你刚刚做了一些你不想做的事情吗？你有没有明确告诉孩子你们彼此之间友好和平相处对你来说是很重要的？你能向你的孩子解释一下刚才发生了什么吗？你有没有可能向你的孩子解释一下你刚才忽略了什么需求？这些才是最重要的。

我从来没想过让你感觉到自己被压抑，也不想让你认为自己是个失败者，这正是作为父母的我们容易最先想到的。有时，负罪感会向我们发出信号，警示我们的为人处事不符合自己的价值观，但是，我们却无法走出消极的恶性循环并做出改变。如果我们一直告诉自己我们犯的错误多么严重，我们就会一直处于压力之中。我们的大脑在受到压力的状态下会做什么呢？大脑将调用烙印最深刻的模式。这就是我们以充满爱和自我同情的方式采取行动并以解决问题为导向如此重要的原因。我甚至不得不说我们必须这样做。

积极地塑造健康的人际关系的能力是拥有抗挫力的人的基本特征之一。在充满挑战的情况下，内心强大的人会求助于他们的社交网络。他们在无法独自继续前行的时候，会有意识地主动向外界寻求帮助。他们认为能够寻求帮助也是一种力量。他们在平等的基础上寻求帮助，并且知道他们自己应该也回馈一些什么，因为他们也很清楚自己的优势。

因此，你和孩子不仅需要培养人际关系，而且还要建立一个自己的"社区"。非洲有一句谚语："一个孩子需要整个村庄的力量才能养大。"你并不孤单，如果你是孤单的，你可以尝试改变。这正是本章的重点。我将向你展示如何确保你为自己和孩子找到这些关系，并过上一种以充满爱的可靠关系为标志的生活。

来自咨询时段的实例：一位单打独斗的母亲

❤ 蒙娜刚刚陪着自己的儿子丁满度过了婴儿阶段的第一年。在需要清洗沙发上堆积如山的尿布和衣物以及需要频繁哺乳这些事之间忙里偷闲的时候，她感到非常孤单。她的朋友们都去上班了，每到晚上，蒙娜都感到太累了。她需要照顾丁满，再也不能像以前那样跟朋友们一起喝酒了。她的朋友们不时地在手机上问她过得怎么样，但问候并不能代替蒙娜去完成那些工作。她也很难与其他成为母亲的人见面。丁满也很烦躁不安。她带着他一起参加课程学习的时候，他都会在上课 15 分钟后开始用最大的声音哭闹，然后她不得不忙于照顾孩子，而无法学习和与其他人进行沟通交流。

蒙娜是一个相当内向的人，不愿与人沟通交流。她找到了自己养育丁满的方法：她和丈夫睡在家中的大床上，把孩子放到婴儿床上，并根据需要哺乳。到目前为止，她遇到的所有其他女性都以一种完全不同的方式养育她们的孩子，蒙娜觉得自己很另类。她感到很孤独，睡眠一直不足。

当蒙娜第一次看到我的时候，她哭得十分厉害。她已经迈出的一步是十分重要的一步——寻求帮助。她从"承担责任"这把金钥匙开始操作，并意识到她不能只靠自己一个人过下去。这也是我向她祝贺的原因。与像我这样每天在讨论上述话题的人进行沟通交流，显而易见，对她是

有好处的。在咨询中,我们最终确定了以下方式:

- 对自己走的路保持开放和欣赏的态度。
- 如果已经预约的事情必须推迟甚至取消,就自发地采取行动而不怀恨在心。
- 重点反思自己的看法。

蒙娜生活在一个小镇上,她觉得在这里很难结识到许多朋友。"坚强母亲俱乐部"看起来就是蒙娜问题的完美解决方案。这个俱乐部是我创建的一个数字化咨询平台,用于将妈妈们联系到一起。在这里,蒙娜不仅得到了我们专家团队的支持,还得到了志同道合的其他母亲的支持。今天,互联网使我们能够找到与我们共频的人,甚至可以跨越国界。

蒙娜很幸运地通过俱乐部认识了她家附近的一位妈妈,她们每天都用手机交流,蒙娜非常高兴。她的问题看起来已经解决了。

然而,对我来说,陪她向前再走一步却是十分重要的。我们一起研究了当她感到孤独时,她可以采取的各种行动。很明显,蒙娜在团体中的感觉不如在两个人会面时的感觉那么舒服。她一直孤独地等待着,直到她"抓住"了一位妈妈,然后询问她是否愿意在课程结束后一起到操场上转转。这对她来说并不容易,但"乐观"这把金钥匙,帮助她对这项挑战的最佳结果充满期待。最终,最佳的结果出现了。和蒙娜说话的妈妈认识更多拥有相似想法的人，蒙娜找到了不少朋友，不再感到孤单。

蒙娜敢于为自己做一些全新的事情，把自己从孤单中解救出来，她所需要的一切原先一直都处于她的内心深处。我为她能够让我在这个过程中陪伴她而充满感激之情。谢谢你，亲爱的蒙娜！

我们周围环境的影响

我们的社会环境始终与我们的个人发展以及我们的福祉息息相关。我相信你还记得你在学校的时候，一定有那么一位老师，很刻薄，或者很酷。

也许，当你回忆自己的童年时，有一个人对你和你的生活产生了持久的影响，直到今天。影响可以是积极的，也可以是消极的。你自己与父母、兄弟姐妹和其他亲属的关系，你的朋友圈，你的同事以及你在社交媒体上关注的人——所有这些关系都构成了你的经历的一部分。当我们需要帮助的时候，知道自己周围的人会支持自己是多么有价值啊。如果你现在的情况和蒙娜相似，那就想想"自我效能感"这把金钥匙吧！存在于你的内心里的力量就是你所需要的，可以用来建立一个社交网络，从中你可以感受到安全和被支持！我向你保证，你会拥有无限的可能！

如果你需要时间独处，也是完全可以的。是的，甚至也是健康的！特别是对于内向和/或高度敏感的人来说，她们所体验到的家庭生活经常特别嘈杂且她们易被激怒。

许多母亲感到"被过度接触",不想沟通那么多事。通过同理心和信任塑造的可靠友谊,应该可以承受见面次数比以前少得多的情况。

孩子需要其他孩子作为伙伴吗?当我们讨论一个健康的社交网络有利于增强我们的孩子的内在力量的时候,这是我经常被问到的一个问题。我认为,笼统地回答这个问题是没有意义的。孩子和我们一样,都是高度个性化的个体,存在不同的需求。

当然也有喜欢自己一个人玩耍的孩子。此外,孩子的年龄和他的发展水平也会产生巨大的影响。

发展心理学表明,直到3岁左右,孩子都特别专注于自我的发展。他会认识到,他可以离开母亲身边进行自主行动,而且是拥有自我效能感的。当然,对孩子来说,能在自己之外实现什么,尤其是与其他人建立关系,是令人兴奋的。一个孩子喜欢置身于事件之中,而另一个孩子更喜欢观察正在发生的事情。在我看来,在操场上观察孩子比强迫他开展社交更有意义。你的孩子对其他孩子感兴趣吗?孩子是怎么表达的?你的孩子在与其他孩子建立关系时是否需要帮助?你的孩子是否需要获得助推才能清晰、平静地与自己身边的世界沟通?仔细观察你的孩子并满足他的个人需求,要比强迫他建立朋友圈明智得多。

你的孩子与成年人之间的关系也是如此。我们不能一刀切地假设每个孩子在被高大、丰满的厄娜阿姨亲吻的时候都会大声地喊"停止"。如果作为父母的我们想成为我们孩子可靠的榜样,当看到另一个成年人亲近我们的孩子,或者举止没有应有的分寸的时候,我们就需要进行干预。无论这个成年人跟我们的关系有多近,无论这个人会感觉到我们多么无理,这个世界上没有任何证据可以证明,要求我们的孩子允许别人忽视他的个人情感边界这件事是合理的。

迄今为止,许多家庭反倒对这种情况熟视无睹。谁不认识他,那个喜欢捏人脸或自来熟地拍别人头的人?对我们成年人来说,这可能是一件小事,但对我们的孩子来说,这可能表明他的声音没有被倾听。现在,我们再次站在一个转折点上了,我们必须打破旧传统,以充满爱的方式进行干预,并向涉及的所有人传达这样一个事实:感情应该获得重视,但身体上的亲近没有必要。作为与我们孩子存在亲密关系的育儿者,我们是他与成年人打交道的灯塔和提供支持的力量。我们帮助我们的孩子站到他的位置上,向世界展示他是谁。

给予和接受

如果我们更仔细地研究这个强化内在力量的策略,并询问自己这把金钥匙到底是如何打造抗挫力的,我们就一定会认识到这么一件事:在成功的人际关系中,一直存在着给予和接受。拥有抗挫力的人从来不惧怕向其他人开口,会在必要时要求获得帮助和支持。他们既知道自己的个人极限,也知道自己的优势。他们知道,通过他们丰富的技能,他们可以回馈很有价值的东西。也许你已经这样做了——按照"预付"的原则,这意味着你已经为你周围的人做了一些好事。就是这样,不存在别有用心。这创造了某种参与感和安全感,使自己既不会羞于寻求帮助,也不会以咄咄逼人的方式索取帮助。

对于作为父母的我们来说,这意味着我们应该思考:是什么阻止了我们向其他人寻求支持?为什么我们不开始创造一个属于我们自己的"村庄",在那里我们可以感觉到安全感并且是被理解的?我们需要做什么,才能让我们认清自己的品质并将其带入我们的"村庄"?我们不必在为人父母的过程中感到孤单,因为我们真的不孤单。我们所要做的就是找到彼此,将彼此联系在一起,在给予和接受的过程中,尽可能获得期望的自由。

欺凌、争吵和孤单

你的孩子在你的家庭之外建立的关系,比如与同学和老师之间的关系,是不受你控制的。你不知道你的孩子在他的一生中会遇到哪些人,与谁建立友谊,甚至发生冲突。许多父母经常问我,他们能做些什么来防止他们的孩子成为欺凌的受害者。固然欺凌是无法容忍的,但我们的措施无法完全避免这种情况发生。欺凌可以在任何时间、任何环境中影响任何人。孩子在他的体育队中建立了很好的人际关系，仍然也可能成为学校欺凌的受害者。对于所有相关的各方来说，这是一个极其紧张且极具挑战性的局面，在绝大多数情况下需要外部援助来解决这一动态问题。

欺凌的受害者承受着巨大的痛苦，为了缓解这些痛苦，需要给受害者提供大量经过验证且多样化的资源。这就是抗挫力训练发挥作用的时候。在家庭中，你可以有意识地把重点放在家庭内部的凝聚力和支持上：更多地积极倾听孩子的心声，充满爱意地拥抱孩子，陪伴他度过这段艰难的时光。一个亲人总是在孩子身边的家，可以为孩子提供一个安全的避风港。你也可以承担起自己的责任，确保当地的教育工作者已经进行了相应的干预。在需要的时候，你应支持孩子更换学校，并在更换过程中有针对性地帮助孩子维护自尊和自我效能感。相关内容请阅读关于第3把金钥匙的章节。

无论挑战有多大，从提高抗挫力的角度来看，经历痛苦并不是一件多么严重的事情，重要的是我们如何处理这些绊脚石。我们会跌倒并抱怨我们的痛苦吗？我们会因为这块绊脚石而谴责他人吗？或者，我们看到机会了吗？我们是否知道如何强化我们自己的精神，使我们能够轻松地重新站起来？我们是否会利用我们从案例中获得的知识寻找出路？如果我们走得慢些，我们就能更好地看清路上的石头了吗？作为父母，我们无法清除这个世界上的每一块绊脚石，但我们可以成为在我们的孩子再次站起来时向他伸出援手的人。我们可以随时等在那里，尽可能地扶住他，并为他提供工具，使他更容易站起来。

建立高质量的人际关系

我们怎样才能和我们的孩子建立高质量的关系呢？如果我们已经犯了许多错误，该怎么办呢？如果连我们自己都不知道该做什么，怎么办呢？所有这些问题现在你可能都会有，但我想用一句话来回答这些问题：如果我们不断地有意识地为高质量的人际关系而努力，即便在家庭生活遭受狂风骤雨时，我们也能解决上面这些问题。

这意味着我们不是在鞭打惩罚自己，而是在为我们的错误承担责任，并按照合理的方式处理问题；这意味着我们会花时间去了解充满爱意的人际关系，并反思自己的行为，学会与孩子的感受产生共鸣。我们一步一步地找到了实现非暴力沟通的方法——无论是与我们自己还是与我们的孩子。在经历了不得不说脏话——最糟糕的一天之后，我们仍然可以逆转整件事情，回到爱的氛围中。你和你的孩子建立平等关系的最重要基石是，一方面，你应承担责任，不能否认权利的不均衡性；另一方面，你也不应操纵权利，而应清醒地做出决定。

> ✓ **清单**
>
> ▸ 拥有抗挫力的人从不畏惧寻求帮助。
>
> ▸ 建立在充满爱的给予和接受基础上的社交网络可以成为一个重要的保护因素。
>
> ▸ 关于孩子对与友谊相关的需求,我们还没有办法做出一个一般化的描述。作为父母的我们需要有意识地感知我们的孩子的需求,并对他的需求做出反应。
>
> ▸ 如果我们希望孩子获得同理心、可靠性和可信赖性等社交技能,我们自己要树立起榜样。

🧰 资源工具箱

👄 回答问题

1. 在生活中,你会把哪些人看成自己的家人(他们不一定是真正的亲戚)?

2. 你和这些人的关系是什么样的?

3. 当你和其他人建立关系时,你有什么样的感觉?

4. 友谊对你来说意味着什么?这时,哪些价值观对你来说是重要的?

5. 信任在你的生活中有多重要?

6. 你觉得与其他人接触容易还是困难？

7. 当你感到孤独时，你会做什么？

8. 你会怎样描述你和孩子之间的关系？你和你孩子之间的关系是什么样的？

9. 你觉得你的孩子会怎么回答上面这个问题？

10. 一旦你去世了，你想让你的孩子记住的你们之间的关系是什么样的？

☀ 非暴力沟通

我们与家人彼此交谈的方式对于我们在家庭中是创造一个和平、充满爱的氛围，还是创造一个压迫和服从的氛围，至关重要。非暴力沟通是培养一个人塑造自己人际关系的能力十分重要的技巧！

美国心理学家马歇尔·B. 罗森博格开发了被称为非暴力沟通（Gewaltfreine Kommunikation，GfK）的策略。这个策略能够帮助人们建立一个充满爱的人际关系。GfK 的目标之一是与相关方建立联系。它鼓励人们不要草率地做出评价——不论是与自己相关的还是与沟通对象相关的，而要重点关注自己和沟通对象。在家人说出谴责的话的背后，我们可以看到他们尚未得到满足的需求。

满怀同理心地面对自己和他人的能力是 GfK 的核心要素，因此非常适合用于培养抗挫力的第 5 把金钥匙"塑造关系"。

瑞士非暴力沟通网站将这种态度描述为：

"通过 GfK，我们认识到我们所有的想法、感觉和行动背后存在着的需求。

1. 一个人所做的一切都是为了满足某种需求。

2. 批评是一个表达尚未获得满足的需求的方式。

3. 不要描述某件事是对是错、是好是坏，而要描述某件事是使生活变得困难，还是变得多姿多彩。

4. 批评时要找到解决办法，同时照顾到每个人的需求。

5. 原则上，人们喜欢为他人的福祉做出贡献，同时也会考虑到自己的需求。"[1]

这种特殊的非暴力沟通可以对你与孩子、伴侣以及其他所有人以和平的方式进行沟通，与他们分享你的想法和感受提供帮助。

你在沟通时可以考虑 GfK 所关注的下列方面：

1. 你的观察结果是什么？（不带批判性的眼光）

2. 你的观察会让你产生什么感觉？

3. 你的感觉的背后隐藏着什么样的需求？

4. 你对沟通对象有什么要求？

请注意，你的沟通对象没有必要一定按你的每一条要求去做，尤其是在沟通对象是你的孩子的时候。

例如，你的孩子不会因为不按照你的要求做就会惹你生气，而是必须承担以合作的方式穿衣的责任，然后和你一起离开家。

上面这 4 个需要思考的问题是一个很好的指南，让你在平等的基础上陪伴孩子，在你觉得自己和孩子被情绪压倒的情况下引导你排遣压力。

以非批判性的眼光对某个情境进行观察是非常困难的，但我们可以每天练习。尝试着描述一下你现在所处的环境——不使用任何评判性的形容词！然后进入你自己的内心：这种情况在你的身上触发了什么感觉？背后的需求是什么？你还可以使用"接受"章节中提供的清单！

这里，我想举一个例子。

你丈夫每天都把穿过的袜子扔在床头地板上。他外出工作而你在家照顾你们的孩子。你准备用吸尘器清理房间，突然间，你看到了袜子，你的怒火瞬间爆发了："他肯定没有认真对待这个家！我照顾我们蹒跚学步的孩子还不够累吗？我不应该是他的清洁工！他怎么能如此不自觉，在家里什么都不做，却给我留下了额外的事情做！他在回家的时候，总是会发出'砰'的撞门声！"你的怒火不可思议地爆发了，你觉得别人看不见自己的辛苦，还感觉到自己受到了不公正的对待。出于这种感觉而采取行动肯定会导致一场争吵。你可能十分清楚，你面对的人立刻就不得不站在辩护的立场，双方都将陷入激烈的互相指责中。

让我们根据 GfK 的 4 个关键问题再次审视这种情况。

1. 你得出的是什么样的观察结果？

床头的地板上扔着你丈夫穿过的袜子。

2. 这件事触发了你什么样的感觉？

你感到非常愤怒和沮丧，因为别人没有看到你的付出。

3. 你的需求是什么？

你需要被看到、被欣赏，并获得支持。

4. 你对你丈夫有什么要求？

你希望你的丈夫从现在开始，能够把袜子收起来，这样你就可以很容易地使用吸尘器做清洁工作。你还希望他能完成部分家务工作。

如果想要沟通这个请求，你可以使用下列句式：

我感到……（愤怒和沮丧）

如果……（袜子被扔到了地板上）

因为我会……（有一种感觉，在我们共同的生活中你没有把我放在平等的位置上）

我需要……（提出要求）

如果……（你能把袜子放到洗衣篮里）

你对此有什么看法？

你有什么需要？

如果你这样表达你的请求，你所面对的人会以较好的同情态度对待你。此外，这种句式可以帮助你避免使用指责语气，而是以真实且可以理解的方式传达你所关注的重点。

你可以在与其他成年人打交道时使用这个技巧，同时还可以成为孩子的榜样。在这种情境中，你为对方的同理心提供了极大的支持,同时还可以找到平等沟通的方式。

主动倾听

你和一个好朋友坐在咖啡馆里,告诉她一些对你来说非常重要的事情,这时她的手机响了。你说话的时候,她看了一眼手机,顺便点了点头。她看着咖啡馆里的其他人,简短地回应你。你能理解这是一种什么感觉吗?你在忙碌的家庭日常生活中边看着手机边回应邻居的攀谈,或者在快速清理厨房的时候，对孩子告诉你的事漫不经心，邻居和孩子会有与你相似的感觉。当然，你经常会需要同时做很多事，与此同时你的孩子却想告诉你很多事情。然而，当你不能把自己的全身心留给你的孩子时，机会就会丧失——建立关系的机会，可以透彻地了解你的孩子的机会，以及向你的孩子证明他所说的话很重要的机会。

　　我建议你每天至少主动倾听一次。主动倾听的意思是，当你的孩子想要与你分享一些东西时，你全身心地与孩子待在一起。我在这里总结了积极倾听的5个重要前提条件，你可以将这些条件作为指引，在与孩子交谈时持有正确的态度。

　　1. **全神贯注地关注孩子**。你最好把你的手机收起来。如果你很容易被背景音乐分心，最好关掉音乐。对于许多父母来说，创造这样一种全神贯注的氛围，睡前的时间特别合适。

　　2. **专注于说话的人所说的话**。确保你准备了足够的吃的和喝的东西，室内足够暖和且十分舒服。当我们的基本需求获得最大限度的满足时，我们就更容易真正地参与到他人的情感世界中。你可能听说过这句话："你不可能从空杯子里倒出什么。"我们的能量也是这样的。

　　3. **对孩子的肢体语言保持同理心**。你的孩子不只是在口头上表达他想告诉你的，你要尝试注意观察他的手势和面部表情，解读他的话语，并在所有沟通层面上关注孩子，这将会是十分温暖人心的，也是令人超级兴奋的！我们经常可以通过孩子的面部表情和手势来了解他，同时，看到孩子如何主导沟通是很有启发性的。同样，你也能很好地读懂孩子在所描述的事件中的感受。例如，孩子跟你谈论他在幼儿园的一天，而你观察到孩子每次在谈到某个同学时都会双臂交叉放在身体前，你就要把这个动作看作一个邀请你去进一步调查，确认是否存在一个需要成年人帮助解决的冲突的信号。

4. 毫无偏见地倾听。不要事先做出判断（偏见）。这可能是对作为父母的我们最具挑战性的。我们对孩子的生活有非常多的想法和愿望，但这些在很大程度上是建立在我们自己的经验的基础上的。

然而，通常情况下，孩子的生活往往与我们的生活是大不相同的，我们对孩子的希望可能与孩子所追求的并不一致。这就是作为父母的我们，应该在积极倾听的同时，放弃我们自己的解读和想法，让孩子与我们分享他自己对世界的看法的原因。

5. 询问某些事究竟是什么意思。你的孩子正在告诉你一些事情，但你不太明白他想说什么，因为你正忙着洗碗，你点头表示同意？你的孩子想要继续说他要说的话，这时你就必须明确说明你并不明白他正在说的话？你的孩子会认为这是你不感兴趣的表现。最好的方法是：清楚地表明你现在没空认真倾听他的话，或者以好奇的表情，郑重其事地提问。我们都需要被关注并被理解。一个积极倾听的氛围,对问题持开放态度,会成为一块块奇妙的砖块,用于将上述需求所形成的空间牢固地垒入你的家庭空间。这时,你就会发现,如果你询问孩子感兴趣的问题,孩子就会告诉你很多事,越来越多地告诉你,你们的两颗心就会紧密地连接在一起。

资源清单

- 阅读(翻阅)和讨论书籍。
- 家庭聚餐。
- 让孩子有单独与父母高质量相处的时间。
- 自我反省。
- 家庭成员或夫妻共同寻求专业人士的帮助。
- 玩同理心游戏(通过面部表情识别感受)。
- 玩日常游戏。
- 参加团队运动。
- 参加合唱团。
- 养宠物。
- 与动物接触。

6. 以解决问题为导向——是什么让我们走得更远

> "什么看起来对我们来说是一个艰难的考验，
> 结果却往往是一个祝福？"
>
> 奥斯卡·王尔德

　　拥有抗挫力的人把他们的注意力重点放到分析问题方面，在探索造成他们痛苦可能的原因上花费的时间不会过多。从"接受"的角度看，这样做是合理的。但是这时，我们必须找到摆脱痛苦的方法，不能在痛苦中过多停留。"目之所及，力量涌动。"拥有抗挫力的人可以分析出是什么导致了问题的产生，以及他们需要怎样利用他们的知识来改善他们当前的和未来的处境。

　　他们会充分利用自己的能力，比如开放的胸怀、好奇心和创造力。我们经常致力于赋予孩子这些能力，让他带着对生活的无限热爱和对知识的无限渴望，去探索自己的世界，以解决问题为导向，勇敢面对生活中的痛苦！但是，为什么作为成年人，我们反倒经常遇到困难就退缩呢？我们是在人生的道路上逐渐失去了这些能力吗？如果我们想帮助我们的孩子增强他的内在力量，就必须先确认其内在力量是否存在，我们对其提供了保护，还是无意中限制了这种力量。

让我们再想想约翰·鲍尔比所描述的依恋关系，以及我在本书开头提到的与依恋关系相关的育儿方式。我们中的许多人，仅仅因为传统而被教会服从。好奇心、开放的和批判性的质疑不仅不受欢迎，在某些情况下甚至会危及生命。这就难怪，当生活给自己带来痛苦的时候，我们中的许多人仍然持被动承受的态度。这是盲从。我们现在正处于一个转折点，我们有幸在没有独裁和战争的环境中成长，我们可以把关注点集中在其他事情上，如人际关系的质量；我们可以认识到我们的人际关系以什么样的方式持久地影响着我们的生活，以及育儿方式对一个孩子的影响。

认识到这些既是痛苦的，也是一种机遇，它促使我们思考以什么样的方式为我们的孩子的抗挫力的培养奠定一个完美的基础。在本章中，我们特别强调，要保护我们自己和孩子的个性，自由地发展，充分认识到生活中的机遇。

来自咨询时段的实例：调和需求

❤在拉里萨和扬成为父母之前，他们定期去他们最喜欢的餐厅——一家高档意大利餐厅，在烛光中享用美味的晚餐，直到深夜。

意大利面和红酒……他们每周都会精心打扮一次，

享受他们的爱情约会。高档的氛围和愉悦的相互陪伴给了他们生活充满乐趣的感觉。特别是餐厅的花园区域,点缀着灯饰,可以唤起他们浪漫的回忆。当我见到拉里萨和扬时,他们已经为人父母8个月了,他们觉得自己似乎离高档餐厅和那里美味的松露意大利面很遥远。面对尿布、口水布和缺乏睡眠等一系列烦恼,他们只想做一件事儿:在他们最喜欢的餐厅里度过浪漫的一晚。他们说他们刚8个月大的加洛塔很难安静下来。有一次他们带着尖叫的婴儿去餐厅时,他们感觉到了潜在的冲突,这让他们很伤心。他们对自由和无忧无虑的需求无法得到满足,他们非常希望能再次在家以外的地方享用美味佳肴,但他们不想让别人帮忙照顾加洛塔,这对他们来说有点太早了。他们认为陪伴照顾孩子非常重要,因为他们的父母非常专制,他们不那么信任自己的父母能够照顾好加洛塔。

"现在怎么办?"在我们一起发现了拉里萨为无法继续轻松地光顾她最喜欢的意大利餐馆而感到失望、悲伤和无助背后的需求时,我问她,"你还能做些什么来满足你对自由和无忧无虑的需求呢?"

我向拉里萨提出的这个问题使得一个非常大的症结暴露出来了——扬和拉里萨完全迷失了自我。他们一次又一次地抱怨,为人父母的生活使他们受到了太多的限制,他们没有获得足够的支持来帮助他们。

第一次,他们打开了一个全新的视角,一个新的关注

重点出现了。他们感觉到了疼痛,分析了疼痛,并分配了盛放疼痛的空间。现在,他们非常愿意把注意力放到什么能够帮助他们摆脱失去自由的感觉。和以前一样,能去餐厅享受美食对他们来说非常重要,但他们还想让加洛塔和他们待在一起,所以,找个保姆不在考虑范围内。

"你们和加洛塔一起度过轻松时光的餐馆应该是什么样子的?"我问他们两人。写一个非常小的清单,列出对他们来说很重要的条件和设备:一个轻松的、对孩子友好的氛围对他们来说就像美味的食物,花园里的座位和一个可以换衣服的母婴室也同样重要。我们一起完成了这份清单之后,还差两件事:找到一家正好是这样的餐馆(第2把金钥匙"乐观"),同时把方向盘握在自己手中(第4把金钥匙"承担责任")。我通过各种练习和提问技巧,鼓励他们使用这两把金钥匙,他们开始使用了。

拉里萨和扬找到了他们要找的地方。一切都变得好起来了!在她家附近有一家餐馆,由一个家里拥有孩子的家庭经营,他们也住在附近,还在那里开了一家有机食品店。餐厅提供应季的非常棒的食物,有充足的空间以及一个设备完善的婴儿更衣台,配备数量充足的高脚椅、儿童玩具,前院有一片空地,而且门外就有一个漂亮的游乐场!从现在开始,这个小家庭每周不止一次光顾这家餐馆。扬和拉里萨对此感到非常高兴,他们像以前一样打扮得漂漂亮亮的,非常享受和宝宝在一起的时光。

好奇心是发展的动力

如果扬和拉里萨没有问自己还有什么其他选择的话,他们可能会一直抱怨并十分想念他们在高档意大利餐厅里所度过的夜晚。我们关注的重点在很大程度上决定了我们在事件最终结束时的位置。整个过程就像我们在车内装有导航系统,无论我们输入什么位置作为目的地,我们最终都会到达那里。因此,只要我们一次又一次地把我们的问题以及痛苦和失落的感觉放在那里,我们内在的心理导航系统就会把我们带到那里。但是,如果我们以"解决问题"为定位方式,我们的导航系统会努力为我们指明方向。而且,我们的导航系统还会隐藏各种不符合我们目标要求的东西。

有时我们要通过的隧道看起来如此黑暗,我们不知道应该将我们的目光放到什么东西上面,确切地说,我们不知道应该在我们的导航系统中输入什么目的地。当痛苦是如此巨大,以至于我们离找到解决办法遥不可及时,我们就要再次回到"接受"。为了找到可能的解决办法,确切地知晓痛苦是非常有价值的。无论你或孩子朝哪个方向前进,充满爱与开放的好奇心是你们的动力。每当你不知道如何继续前行的时候,你就像站在一个岔路口,你可以决定是继续行进在痛苦中,还是为好奇心另辟蹊径。

你可以问自己:这个挑战可能会带来什么新的你还没

有认识到的东西？你可以问自己：你和你的孩子是否会发现比你所失去的更好的东西？你可以问自己：你从这种境况中会获得哪些知识，以及这些知识在多大程度上对你是有帮助的？好奇心是发展的奇妙驱动力。

"这看起来多么令人振奋啊。我想知道我能不能做到。"好奇心就在我们自己的心中，推动我们前进，为我们开辟新的道路。

✓ 清单

- 拥有抗挫力的人总是注重考虑解决办法，而不是问题本身。
- 为了从一个挑战中寻找答案，我们可以问从这里可以去往哪里，而不是一次又一次地担忧痛苦以及问"为什么"。
- 好奇心、开放心态、爱和创造力是以解决问题为导向思考的基础。我们的孩子已经具备了这些能力。

📦 资源工具箱

👄 回答问题

1. 当你在生活中面临问题时，你的感觉是什么样的？

2. 你解决问题的典型方式是怎样的？是闭上眼睛找到方案，还是置之不理，直到火上房的时候才做出反应？

3. 你已经解决了你生活中的哪些问题？问题的解决方案是什么？

4. 在哪些情况下，你觉得特别具有挑战性，以至于你很难乐观地寻找到解决方案？

5. 你认为你为自己的问题所选择的解决策略是成功的吗？如果是成功的，确切的原因是什么？如果是不成功的，为什么不成功？

6. 如果你感到压力特别大，你会怎么做？

7. 你对"每个问题都有解决办法"这句话的感受是什么？

8. 你对自己生活的期望是什么？

9. 你需要什么才能把注意力集中到一条可能的出路上？

10. 为什么你会认为某个问题没有解决办法？你凭什么认为你找不到解决方案？你对这个问题的回答真的是发自内心的吗？

光明与黑暗

我必须承认，有时我们所面临的挑战给人的感觉是如此艰难，以至于我们很难找到哪怕是一丝的机会，很难找到出路或解决办法。我们必须首先接受这种无能为力的感觉，我们应允许自己沉浸在愤怒和悲伤之中，然后认识到，这不应该成为我们一直持续的状态。为了走出无能为力的泥潭，我们必须把注意力集中到能够引导我们走向光明的道路和工具上，例如乐观的心态，以及以解决问题为导向的思维方式。

在下面的练习中，你需要准备5张纸、1支笔并且需要进行几分钟的休息，使自己处于一个愉快的氛围中。尝试让自己舒服一点，进行3次深呼吸。

现在想想你在生活中已经遇到的5个挑战。在面前的5张纸的每张纸顶部分别写下一个挑战，在中间画一条直线。

现在，在各个挑战中选择一个，并在左边写下你感到无能为力的所有情况。把所有的情况都写出来，不进行任何过滤。

感受并考虑以下问题：在这个挑战中哪些可能是积极的？积极的影响是什么？你从中学到了什么？你从自己身上看到了什么？你的问题有解决方案吗？解决方案是怎么获得的？你可以参与哪些部分？确切地说，你到底该做什么？

如果问题没有解决办法，问问自己：我还需要什么才能克服困难？谁能帮我？我对所面对的挑战有什么看法？

针对5个挑战中的每一个挑战，完成上面的问答，训练自己即便在极度痛苦和无能为力的时刻，仍然能够看到机遇和拥有找到解决方案的能力。你会看到你在过去已经使用过哪些技能识别自己在挑战中的机会，或者看到解决问题的方法。你的痛苦点一次又一次地出现，你会发现你自己的个人极限，不断获得新的认识。了解了这些，在未来将帮助你及时意识到你需要主动从外部获得支持——各种形式的支持，可能来自你所处社会环境中的人、你所获得的技能、文献资料、课程、专家咨询等。你可以每天都做这个练习，也可以和你的孩子一起练习。你可以仔细观察一天中的一个挑战，并训练你找到机会的眼光。你可以将其作为每周或每年反思的内容，看看怎么做对你来说是最好的。

提出问题

在本章中，我们讨论了这样一个事实，即如果我们放手给孩子自由发展的空间，我们就能够很好地鼓励他建立以解决问题为导向的思维模式。我们不需要用许多技术训练他。询问孩子而不是告诉他该做什么，是很有效的方法。

我在这里列出了一些问题，可以打开孩子的好奇心，帮助他保持开放心态和提升创造力。每当孩子遇到挑战

妈妈不崩溃

时，可以通过这些问题以充满爱的方式在孩子自主应对的过程中给他提供支持。

顺便说一句，这些问题同样也可以帮助作为成年人的你。

1. 多么令人振奋的事情啊！这可能意味着什么？
2. 这是怎么发生的？
3. 你现在可以做些什么？
4. 你需要什么资源来解决问题？
5. 现在谁可以帮助你？
6. 现在你能够在什么地方找到一个很好的答案？
7. 你的感觉是什么样的？你现在需要什么？
8. 你能够通过你自己获得什么？
9. 下次你想以什么样的不同方式来行动？
10. 你的目标是什么？

💡 **资源清单**

- 在大自然中进行探索性散步（例如，在森林中寻找线索）。
- 寻宝。
- 做侦探游戏。
- 自由绘画。
- 自由游戏。
- 做手工艺品。

- 写传记。
- 探索新的地方（游乐场、图书馆、博物馆等）。
- 旅行。
- 进行休闲运动。
- 在不使用食谱的情况下进行烹饪。
- 设置、清理、排序某些东西。

7. 规划未来——
让生活丰富多彩

> "成为你想在世界上期望看到的，
> 改变的那部分。"
>
> 圣雄甘地

拥有抗挫力的人拥有愿景，并会根据愿景调整他们自己的生活。他们会为自己的梦想、愿景和目标而做规划，并以人生规划为导向。在你痛苦的时候，这对你是有帮助的，可以成为你的行动指南。

现在，当我说有了孩子之后，"规划"这个词具有完全不同的含义时，可能这个世界上极少数父母会不感到惊讶。我记得很清楚，在成为母亲之前，我会很主动地陪伴我的闺密在咖啡馆里坐上一段时间。但是，有了孩子之后，特别是在宝宝出生的第一年，为了完成一项任务，我需要做好规划并预留出一个小时的富裕时间。如赴约时，除路上需要的时间，再预留出额外一个小时，这样我在到达约会地点时就不会迟到了。成为父母后，我们总是被要求提前计划好并随时处理不可预见的事情。在外出的路上，孩子可能屡次要上厕所，忘记带需要拿着玩的毛绒玩具，或者可能在路上摔倒，因此我们需要提前有预案。在纷乱如麻的日常生活中，我们总会忽略一些东西或没能关注到一些东西。然而，当我们没有预料到的事情突然发生在我们的生活中时，一切似乎都会失去控制。

正因为如此，积极地做好规划对我们和我们的孩子有很多好处。在这一章中，你会发现一些可以积极地与孩子一起规划未来的方法，以及实施建议。

来自咨询时段的实例：没有规划的家庭

❤杰西卡和路易斯是一对双胞胎的父母。莉娜和诺亚已经4岁了，家里的日常生活一团糟。杰西卡觉得自己筋疲力尽了，于是来到我的办公室。她如此努力地生活，但总是会忘记一些事情。孩子们每天在不同的时间起床，在不同的时间上床睡觉。她从来不确定是否以及何时可以去上她的瑜伽课，一直忙于处置眼前迫切需要解决的问题。如果孩子们饿了，她会去厨房看看还有什么，然后试着自己做出一顿饭。如果什么都没有，她就会去买。孩子们的课程、朋友的生日、必须支付的账单、她自己的医生预约——几乎所有的事情一股脑地扑面而来。她不是迟到了就是完全忘记了她的预约。杰西卡很难过。路易斯在工作中需要花费很多时间，因此不知道如何对他的妻子提供支持。

杰西卡和我在我们的一次咨询课程中，踏上了进入她的未来的旅程。我问她，当我们在未来的10年左右的时间进行旅行时，她最想看到什么。我们把所有想到的都记下来，然后根据记录，我们一起发现了一些对她来说是重要的东西，其中包括可靠、快乐、健康和自由。

我们还发现了她的许多需求，她渴望解脱，希望事情结构化和清晰化。

"在你的日常生活中，你能做些什么来满足这些需求？你是如何在你的生活中践行你的价值观的？"

我的问题直接把杰西卡引向了自我效能感的方向。她意识到，她应该把自己的生活和家人的生活安排得井井有条。她计划每周三和周六去上瑜伽课。在这段时间里，她安排了一位保姆。在回来的路上，她可以从街角的泰国餐馆带回晚餐。光是这个计划就对这个家庭产生了巨大的影响。杰西卡感到自己轻松自由多了。她的孩子们总是期待着和保姆待在一起的游戏专属时间。他们几乎每天都问保姆什么时候会再来，这使杰西卡产生了为孩子们制作日历的想法。日历上清楚地标注了一周每天他们所在的位置，以及他们的保姆什么时候来。

生活日历

无法预见的挑战，同一天面对不同的需求，疲惫，自我实现的冲动，对他人的依赖——"这些会结束吗？"你可能会这样问自己，尤其是当你的孩子还很小的时候。

世界上所有的父母都认同的一件事是，一旦我们成为爸爸妈妈，时间就有了全新的含义。

大多数时候，我们觉得我们没有足够的资源来满足所有的要求。我们在日常的狂乱中迷失了自我：要么生活在对我们自己过去的遗憾中，要么对我们不确定的未来忧心忡忡。我们很少能够有意识地感知和享受当下这个时刻。我们觉得我们只是在努力履行应尽的职责，并竭尽全力走出困境。也许我们还有一种感觉：时间在流逝，当我们回首往事时，我们无法真切地回忆起我们生活中的乐趣。

我们在这个星球上的时间是有限的。我们每个人终将逝去——独自一人进入未知的旅程。这是十分肯定的事。

让我们来回顾我们的生活：所有的烦恼真的值得我们烦恼吗？我们是如何使用我们的时间的？我们是否会因为试图与可能并不代表我们价值观的榜样保持一致而浪费了我们的时间？我们有没有在人前戴着面具？我们是否过着其实并不属于我们的生活？我们在多少时间内有意识地与我们的孩子一起享受当下？我们在对我们的孩子以及我们自己不设定任何预期的情况下，自由地度过了多少时光？

美国一位博主蒂姆·厄本以十分深刻的方式向我们展示了我们的生命实际上是多么的短暂，却是可管理的。[1]

在他所描述的生命日历中，展示了一个90岁的人生命中的每周、每个月和每年。当我们意识到婴儿出生的第一年、叛逆阶段，以及孩子生命中的前18年所占的比例时，我们就会意识到每一个时刻都是无比珍贵的，挫折、努力、绝望和不堪重负全都可以抛之脑后。我们可以看到一起共同度过的时光是多么的短暂。

睡觉、整夜不睡、四处乱爬……在非常短的时间内，孩子就不再是婴儿了。人的一生中作为婴儿只能有一次。婴儿醒来，在你温暖的床上摸索着与你亲近并寻求安全感。这个小人很快知道了"不"这个词的力量，并在父母给予的安全圈里尝试使用。很快，这一切都结束了。和孩子一起生活总是不断给我们带来挑战，重点关注这段如此独特且一生中只有一次的短暂时光，可以帮助我们更轻松地应对所有极具挑战性的情况。

发现价值

在压力很大的情况下，你有点不自在，你做出的反应并不是你的本意。在傍晚一个安静的时刻，你坐在那里，感到愤怒、羞愧，想着为什么你会按照那个方式为人处事。也许这种事会一直发生在你的身上，而正是这样的时刻表明，你仍然保留着陈旧的、与你的价值观根本不相符的观念。我仍然清楚地记得这是什么感觉：观看戏剧表演后，我故意假装表现出很激动、很兴奋的样子。其实，我并不想表现出那个样子，但是我内心存在着一个模板，想要我假装成那样。

妈妈不崩溃

一年中的第几周 ⟶

年龄 1 5 10 15 20 25 30 35 40 45 50

0 ← 婴儿的第一年
5
10
15
20
25
30
35
40
45
50
55
60
65
70
75
80
85

婴儿的第一年

我之前在自我效能感的章节中谈到过价值观。如果我们想以符合我们内心深处的理念积极塑造我们自己的未来，那么明确我们自己的价值观是必须的。当我们知道在我们生命中什么是真正重要的事情的时候，我们的心里就已经携带着某个指南针。这是非常有价值的，尤其是在与孩子一起的生活中。已经有了这么多条道路、这么多的意见以及提供了这么多意见的专家，但世界上没有人会告诉你为人父亲或为人母亲的你应该提供给你孩子什么样的生活。这取决于你自己是谁，你经历过什么，你放弃了什么。如果你想通过系统安排和指导以充满爱的方式引导你的家庭生活，那么我请你重温"自我效能感"的章节。当你把你自己真实的价值观融入你的生活中之后，你的孩子将体验到一种真实和完整的感觉。你将向孩子展示，当无法预见的风暴肆虐时，把生活掌握在自己手中，积极地面对生活，利用自己的资源和灯塔真正意味着什么。

为梦想制订计划

我们要坚定地为我们的梦想制订计划。仔细想想我在第2把金钥匙"乐观"，以及我在上一章"以解决问题为导向"中谈到的思路，你很快就会发现，当你把你关注的重点放在你的梦想上的时候，你就会更加接近你的梦想。作为父母的我们，拥有了梦想，我们的孩子也就会拥有梦想。

无论我们的梦想和孩子的梦想是物质方面的还是情感方面的，都没有关系，最重要的是自我效能感和自我价值感。当我们将梦想和目标融入我们日常生活的计划中时，我们就将自我效能感和自我价值感赋予了我们自己和孩子。

计划失败了仍然是有意义的。在每天动荡的家庭生活中，作为父母的我们，经常无法完成计划。我们不仅需要对自己负责，而且在地球上至少还需要对另一个人的生命负责。孩子每天都在进步，他不断发展新的能力，表达新的需求。每当我们觉得家庭生活已经安顿下来的时候，我们和孩子的生活就会再次发生变化。时不时地，我们的计划会失败，因此我们需要有灵活性。失败也是生活的一部分，如果我们对失败视而不见，不会对自己有一丁点好处。拥有抗挫力的人允许自己接受失败，甚至可以从中看到机会。失败向我们表明，要么我们在计划中没有考虑到某些事情，要么我们的孩子刚刚迈出了新的一步，我们现在可以陪伴他走上一条全新的道路。在制订日常生活的计划时，我们要有意识地关注方方面面，包括床垫下一堆的豌豆。

✔ **清单**

- 拥有抗挫力的人会规划自己的未来，并积极地塑造未来。

> — 无论是对我们的孩子，还是对作为父母的我们来说，通过一份计划，系统地安排生活，可以极大地缓解生活的重压。
> — 为了按照适合自己的方式制订生活计划，我们需要明确我们自己的价值观。
> — 在制订计划的时候，我们既要为我们的梦想留出空间，也要为我们的失败留出空间。

资源工具箱

回答问题

1. 你想把什么样的价值观融入你的生活中？
2. 在你死后，如果要求你的孩子对你进行描述，他应该如何描述？是什么使你变得黯然神伤？
3. 你想在接下来的3年、5年和10年里，站在哪里？
4. 你今年还设定了什么目标？
5. 你想把什么东西融入你每天的家庭生活中？
6. 你有什么事情绝对需要计划出富裕时间？
7. 你是怎么处理不可预见的事情的？
8. 你能做些什么来帮助你更容易地处理不可预见的事情？

9. 灵活性在你的生活中发挥了什么样的作用？

10. 你对当前的目标和长期目标之间的差距有什么感觉？

☀ **家庭日历**

每周一次，听着美妙的音乐，置身烛光中品味美味的食物（或者你想做的任何事情），反思过去的一周，并制订未来一周的计划，可能是非常有价值的。你不需要一个复杂的计划工具，最重要的是实用性和可管理性，几张纸和一支笔就足够了。在定期的家庭会议中，安排一个开放沟通的时段，每个家庭成员都应参与进来，分享他们对过去一周的感觉，以及他们的需求、愿望和计划，一起反思所有有效的事情和没有实现的事情。下面提供一个日历模板，每个家庭成员都占有一列。你可以看到用于反思的问题，帮助你获得快乐并以解决问题为导向，在自我反思中制订自己的计划。对于作为父母的你来说，这样的书面形式的计划可以提供支持和指南，缓解一些精神压力。对于孩子来说，这个计划提供了一个很好的机会，可以用于确定自我效能感，并愉快地计划自己的生活。

家庭计划　　　　　　　第＿＿＿＿周

姓名					
星期一					
星期二					
星期三					
星期四					
星期五					
星期六					
星期日					

对上一周进行反思：

- 什么事情进展得顺利？
- 什么事情止步不前？
- 我想要保留什么？
- 我想要放弃什么？

下一周的计划：

- 我需要准备好什么，才能期待下周的到来？
- 我想重新整合什么资源？
- 对我来说，什么是重要的？
- 我在家庭里的位置在哪里？
- 我想要整合哪些计划？

- 我想尝试些什么？

💡 资源清单

- 在定期的家庭会议中讨论家庭计划。
- 对过去的一天或一周的目标和计划进行反思。
- 赋予孩子参与制订家庭计划的权利。
- 为自己留出用于自我实现的时间
- 设定新的符合自己价值观的目标。
- 通过待办事项清单，以可视化的方式来呈现和缓解精神方面的压力。
- 通过思维游戏训练灵活性，比如，"你能用钢笔做什么？"，或者玩角色扮演游戏"奶奶的生日"，制订一个生日计划，扮演不同的角色。
- 别忘了幽默和轻松！

8. 顺应变化——坚定信念

> "在善良的力量的庇护下,
> 我们满怀信心地等待着可能发生的事情。"
>
> 迪特里希·朋霍费尔

在前面的章节中,我已经提供了7把培养抗挫力的金钥匙,并将其应用于家庭生活中。我本人在多年的工作中,遇到了第8把金钥匙,我称之为"顺应变化"。

来自咨询时段的实例:疾病与痛苦

♥当卡琳娜来找我咨询时,她正为她母亲的癌症问题而苦苦挣扎。对她来说,想到她的母亲可能会不久就离去,是一件非常痛苦的事情。她5岁的儿子维姆与他唯一的外祖母之间也有着非常亲密的关系。其他的祖辈要么已经去世,要么已经没有任何联系了。卡琳娜感到很无助,深陷在对失去亲人的恐惧和悲伤的旋涡中。在这种恐惧中,她怎样才能让她的儿子相信一切都会好起来呢?如果他失去了他唯一的外祖母,除了他的父母以外,再也没有其他家庭成员了。化疗和即将到来的手术使他的外祖母看起来与以前完全不同了,维姆肯定会害怕、悲伤,甚至还会遭受失去亲人的心灵创伤。这些是目前支配着卡琳娜的想法,她知道她需要帮助。

在我们的咨询中,我们先确定了她母亲的死亡或治愈并不掌握在卡琳娜的手中。卡琳娜逐渐意识到,她的内疚感和思维方式对她自己、对她的母亲,更不用说对她的儿子都是没有好处的。她非常害怕自己在悲伤中无法捕捉到维姆的悲痛。当她意识到这一点后,她的感受好了很多。

我们决定找出办法帮助卡琳娜为她自己的悲伤提供盛放的空间,同时也照顾到维姆的感情。在她母亲接受治疗的那家医院里有一位牧师,卡琳娜已经找牧师谈过一次关于死亡和死亡之后可能发生的事情。通过谈话,卡琳娜获得了很大鼓励,她还阅读了一些相关书籍。

她认识到自己是一个设计师,她把自己母亲的疾病看作一项可管理的任务,有意识地将新的认知融入她自己的生活和她的家庭生活中。这些改变从长期的角度看极大地丰富了她的生活。

保持平常心

我们需要一种感觉,即我们所做的和所经历的都是有价值的——无论是对我们自己来说,还是对我们的孩子来说;我们需要一种感觉,去理解我们生活中正在发生的事情;我们需要拥有这样的信心,即我们个人面对的困难是可以克服的——无论困难是什么。

因此，我们需要顺应变化，这样就能够在危机和挑战中保持健康的状态。只有当我们认识到挑战或变化的发生并不奇怪，我们才会努力去获得力量，把我们的生活和处理各种问题的主动权掌握在自己手中。

那么，我们如何在面对痛苦或挑战时顺应变化？我们如何获得内心的确定性，进而理解各种各样的情况发生都是自然而然的，甚至是合理的？

社会学家安东诺夫斯基[1]认为，顺应变化涉及以下3个方面。

理解能力

我们认为我们面对的挑战都是可以理解的。我们在每一个事件中都可以看到我们的内心和外部世界之间的相互联系。我们对任意性、偶然性，甚至混乱情况保持质疑的态度。我们能够将挑战及其触发因素纳入我们的认知中。

可操控性/可管理性

我们看到了从我们拥有的资源（如时间、人际关系或其他）中汲取力量的可能性。我们个人对事物的掌控感越强，我们就能越早摆脱受害者的心态。面对挑战，通过使用我们所拥有的资源，我们获得力量并承担起我们应尽的责任。

意义／重要性

我们看到了应对我们所面临的各种挑战背后的意义和收获。我们了解我们的生活和孩子的生活应该走向何方，并被激励着去克服困难，朝着幸福和美满的方向前进。

一旦我们在充满挑战性的环境下能够成功地顺应变化，我们就会重新获得自我效能感、自我决定感。拥有了顺应变化的能力，我们就可以把自己的生活掌握在自己手中，并以平静和乐观的态度接受我们作为一名母亲在日常生活中遇到的全部压力和障碍。

在生活中顺应变化

特别重要的是，作为父母的我们，要一次又一次地以充满爱的方式反思自己的行为。孩子与父母之间所建立的充满爱的关系，蕴藏着信任和积极的力量。

很多痛苦只不过是生活的一部分，你不可能消除孩子的所有痛苦，例如，失去一只心爱的宠物。所以，如果无法逃离痛苦，你至少可以成为孩子可以依赖的安全港湾。

但是，如果你不在那里呢？如果你的孩子在学校、修学旅行或与他的祖父母（当你度假时）在一起时，面对困难该怎么办？在这种情况下，你完全没有可能给孩子提供支持吗？你的孩子在这个时候需要完全依赖自己吗？

你可能自己就可以回答这些问题了：一定存在可以给

孩子提供一个无处不在的盾牌的办法，在他需要支持的时候，他可以随时依靠。以下是几种可尝试的办法。

1. 反思你自己

作为父母的我们不仅是孩子的同伴，也是给孩子指引方向的那根手指。无论我们说什么、做什么，不说什么、不做什么，我们都会和我们的孩子之间发生沟通。因此，你的行为将会给孩子留下深深的烙印。这是一个很好的机会！如果你有意识地在生活中处处体现出"顺应变化"，就相当于送给你的孩子一份非常有价值的礼物。

但是，你的孩子是否愿意接受这个礼物，则应该完全由他自己决定。

2. 质疑教条

对作为父母的我们来说，质疑我们自己对传统和教条的态度是特别有意义的，因为我们中的许多人心中仍然保留着古老过时的教条。通过记录、反思，积极地"顺应变化"是非常重要的。

3. 把接受权给孩子

我们不能将自己的世界观强加于孩子身上。作为父母的我们应该只是单纯地提供信息和建议，创造条件满足孩子内在动机所驱动的求知欲，让孩子自己探索，自己决策。

> ✓ **清单**
>
> — 如果我们认为我们的生活经历是有价值的,并对"顺应变化"拥有一个积极的认知,我们就可以从我们所拥有的资源中汲取力量。
> — 我们可以为孩子提供教育的机会,创造条件,但不能将我们的世界观强加于孩子身上。

资源工具箱

回答问题

1. 你怎么定义生活?

2. 你是谁?你从哪里来?你要去哪里?

3. 在你的生活中,有没有发生过什么事情,直到后来你才能够赋予它意义?

4. 你是否有可能让你的孩子相信,有些想法即便不符合你的理念也是正确的?

5. 如果你的孩子能够发展出"顺应变化"的理念,从而有安全感,那将会是什么样的?

关于死亡

死亡是真实存在的。当我们的宠物离开时,当我们在树林里散步时,当我们在看新闻时,当我们站在超市的柜台前时,我们都可能面对死亡。一旦我们面对死亡,我们中的许多人就开始质疑:死亡的本质到底是什么?死亡之后,一切都结束了吗?我们还在吗,感觉是什么样的?我们要去哪里?

我认为,认清一个人的死亡和生命的有限性是非常有价值的。当然,意识到我们最终会离开并把我们的孩子孤单单地留在这个世界上,也是一件非常痛苦的事,以至于我们几乎无法承受。但这不更显得我们在此时此刻与孩子共度时光是如此珍贵吗?这种对死亡的认知难道不是最强大的力量,促使我们与我们的孩子一起充分享受生命中的每一个时刻?

在家庭生活中,尽可能创造美好的生活,欣赏自己,难道不应该成为最终的动机吗?依我看来,一切最终会返回到"爱"这个主题。我们的爱驱使我们超越我们自己和我们的个人条件,我们的爱把家人联系在一起,我们的爱使我们更容易在悲伤中站稳脚跟,我们的爱赋予我们内在的力量和自我价值,我们的爱保护着我们的孩子,我们的爱能够让我们的孩子欢笑。当我们意识到生命是有限的,选择追随爱的脚步时,我们的爱将陪伴我们度过一生。

妈妈不崩溃

💡 资源清单

- 冥想。
- 进行一次梦想之旅。
- 提出问题。
- 参观墓地。
- 带个有特殊意义的腕带。
- 制作/聆听音乐。
- 追随爱的脚步。

家庭氛围中的抗挫力培养

你的孩子的自由

现在你已经学到了可以用来培养你自己和你的孩子抗挫力的8把金钥匙。需要特别强调一件事：最可能提高孩子抗挫力的办法是给予他自由。我们不断地反思自己和我们走过的人生道路十分重要，因为反思可以让我们把我们自己的问题留给自己，而不是让问题影响到我们的孩子。当我们来到这个世界上的时候，我们被赋予了对生活的热爱、好奇心、开放心态和爱，并且渴望建立人际关系。对我们中的一些人来说，上述的有些事情之所以被忽视，往往是因为他们童年时期有过创伤和不良体验。代代相传，我们把我们在生命中所感悟到的都传给了我们的孩子，除非我们决定有一些新的改变。第一步是，获得我们对自己存在的问题的认知。第二步是，赋予孩子自由，允许他不受限制地发展他的个性——不管我们自己心中"阴暗角落中的那个孩子"发出的警报听起来有多么响亮。提升孩子的各种能力，需要一些练习、指导和策略。事实上，我们自己也需要这些策略，使我们和我们的孩子能从痛苦和矛盾中解脱出来。惩罚、训斥、勒索、威胁、逼迫等，都不是能够让孩子变得更加坚强的方法。

用尽可能多的练习把孩子训练成内心坚强的人，让孩子在慈爱的父母所提供的庇护中自由成长。把这本书当作你日常生活的灵感来源，当作你人生旅途中的拐杖。你的孩子会变得很坚强，而且是如此的坚强！

与孩子一起快乐度过日常生活的 8 把金钥匙

你知道我特别喜欢什么吗？是在书籍或会议中了解发展心理学的新进展，以及其他教育从业人员和家长对孩子个性发展的态度和观点。

你可能也有同样的感觉。我还认为，在育儿方面，我们必须不断质疑自己的行为和思想，并从谈话、书籍、阅读和会议中寻找新的灵感。但是，尽管我们对那些新鲜东西充满热情，仍然有一件事是不可忽视的：实际存在的相关性。

在下文中，我将向你展示如何应用培养抗挫力的 8 把金钥匙。无论你处于什么样的境况中，感觉到什么是对的，就接受它；什么阻碍了你，就把它留在那里。请注意，并非全部 8 把金钥匙都必须与特定情境有相关性。重要的是，当一个情境或一个阶段对你自己和你的孩子发起了挑战，你至少可以使用其中的 1 把。在本章的后面，我会给出针对这 8 把金钥匙中的每把金钥匙的反思问题，你可以问问自己，在其中找到合适的金钥匙。

在租来的公寓里上蹿下跳

你可能还记得这样的事:你和你的孩子住在一座城市的某个公寓里,上一层和下一层都住着邻居。你的孩子喜欢从床上跳下来,并发出很大的"咚咚"的声音。你知道公寓的隔音措施很差,尽管你的邻居从来没有直接抱怨过(或者可能已经抱怨过了?),但你知道声音可能会骚扰到他们。经过一天漫长的工作,在幼儿园、学校和下午补习班之间来回穿梭,你可能已经筋疲力尽了。"咚咚"的声音变得越来越大,一些难以描述但是让人觉得很烦躁的东西正在慢慢进入你的脑子里。随着孩子的每一次跳跃,烦躁的感觉变得越来越强。"邻居们会怎么想?""我不是已经说过1000次了吗,其他人都不会跳得这么大声!"你脑袋里有一个声音咆哮着。你跑进你孩子的房间,大叫:"马上停下来!不能跳得这么大声,否则就取消今天的睡前故事。"你能感觉到孩子的胆怯与沮丧,然后你的内疚感慢慢升起。事实上,你已经听到过许多关于控制愤怒的建议,并且下定决心再也不要对你的孩子大喊大叫了。更重要的是,你知道,要让孩子在一个安全的家里感受到自由和被爱,而你刚才完全与目标背道而驰。我想向你证明,在上述情境中,8把金钥匙会帮到你,尤其是在你已经犯了错误,并且没有按照你希望的方式对待你的孩子的情况下。

让我们想象一下，作为一位父亲或者母亲，犯错应该是可以被接受的。你现在应该仔细想想此类情境是如何发生的。

- 你的孩子跳得声音太大了。
- 你内心有些东西触发了你的愤怒情绪。
- 你担心会打扰到你的邻居。
- 你对着孩子大喊大叫。

你做了一件你和你的孩子在一起时你从来没想过会真的做的事。

你自己内疚的感觉正在伤害你自己。也许你在批判你自己。面对孩子，你感到无助而且也没有爱的感觉。

在你以新的"接受"的眼光看待此时的情况时，我们可以发现你的内心在两个层面上表现出了痛苦：

- 你并不完全清楚发生了什么以及如何处理。
- 你的内疚感困扰着你，使得你在痛苦中迷失了自己。

接下来，我们来看看如何在这种情况下与你的孩子建立一种充满爱的关系。

如果你同意，请接受（第1把金钥匙）你已经做了一些不符合你内心最深处所期望的事这一现实。你可以从那里开始继续前进，允许痛苦存在。现在是什么让你如此痛苦？你的内疚感想要告诉你什么？怎样做才能让你的内疚感帮到你？

通过以解决问题为导向（第 6 把金钥匙）的方法，你不仅能够允许自己接受痛苦，而且你还看到了下一次以不同的方式处理问题的机会。你经历了痛苦，现在至少知道什么是你不想再重复做一遍的事情。此外，你获得了一个机会认识到你想要什么，然后清醒地以自己承担责任（第 4 把金钥匙）的方式去探索一条全新的道路。从你的内疚感中可以看到：

- 对你来说，重要的是，能够平静地和你的孩子讨论问题。
- 对你来说，重要的是，你的孩子可以在自己的家里快乐地玩耍，同时又不会伤害到别人（在上面描述的情境中，别人是指邻居）。
- 在漫长的一天之后，你需要休息，你希望能够较好地处理你的孩子运动的冲动和你的疲惫烦躁。

所以你已经意识到，与孩子进行平等对话对你来说是很重要的事情。让我们利用手头掌握的 8 把金钥匙与孩子谈谈。

你敲门，孩子允许你进入房间。

接受和承担责任："我刚才对你大喊大叫了，我对此感到非常遗憾。我们能够进行和平的沟通是十分重要的，即使在存在问题的时候，也应如此。对不起。"

塑造关系："我想告诉你刚才发生了什么。你应该知道，X 先生和 Y 女士分别住在我们家的上一层和下一层。他们两个人在工作中度过了漫长的一天,现在需要在家里休息和放松一下。我以前跟你谈过这件事。度过漫长的一天之后,我也有同样的需要。

"我发现你的想法很不一样。你真的很想爬上床然后跳下来。你喜欢大声喊叫,发泄精力,是吧?"

自我效能感: "你认为有什么方法可以让每个人都得到他需要的东西,却又不会让任何人感觉受到骚扰或难受吗?"

在这样的对话中,相应的金钥匙为你提供了一个相当于灯塔的作用。在艰难的(家庭)时刻之后,无论这是一个压力多么大、多么嘈杂以及多么紧张的时刻,即便你已经违背了自己的价值观,并且已经对孩子进行了责骂,你仍然可以做到坚韧不拔。对自己的行为承担责任永远都不会太晚。

也许你现在想知道应该考虑使用哪把金钥匙。在这一点上,我想再次说明:我不想再给你几百个僵化的概念。这个问题的关键在于,我很难考虑到每个孩子、每位母亲、每位父亲和每个家庭处于动态变化中的个体化特征。我希望你能够自己找到提升抗挫力的具体办法。我们可能永远无法实现的事情是:在行动之前和行动过程中完美地使用全部8把金钥匙。但是,这些策略就像你旅途中的地标,当暴风雨来临之时,它们能为你指明方向。每当你在日常生活中面临挑战时,将8把金钥匙握在手中。我相信它们会给予你帮助。

不配合的祖父母

假设今天是你孩子的生日。你的父母和公婆都获得了邀请,毕竟,他们是你的孩子的外祖父母和祖父母。你在写邀请函的时候,内心一定很纠结:"我应该直接写上不接受含糖的礼物吗?"假设你已经带着孩子去看了好几次牙医,医生让孩子少吃糖。此外,你的孩子在吃了糖之后,一次又一次地出现了让你坐立不安的能量摄入比例失调问题。"孩子,我们给你带了糖。"你听到了父母的声音,你的内心里正在酝酿着的是愤怒和挫败感。你想要坚持一贯的无糖饮食,你有一种想要拍桌子的冲动,让每个人都知道他是你的孩子,得由你来做决定。但是,你这样做是否在干涉外祖父母与孩子的关系?这也是你感觉到坐立不安的原因……"谁能帮帮我?!"

如果这种不确定性的时刻对你来说是十分常见的,那么,8把金钥匙还可以被当作很有价值的指南针。在本章的末尾,我提供了一份备忘清单!

每天刷牙时的斗争

如果你的孩子还不满13岁(或者可能已经满13岁了),我相信你一定会在许多个夜晚为了刷牙与孩子斗争。但是,如果不施加威胁和敲脑壳,你怎么才能让孩子认同日常口腔卫生的确是很重要的事儿呢？

这时，让我们来尝试一下使用8把金钥匙。

作为最开始的第一步，我们要一起接受现实。娃娃A、娃娃B和娃娃C都不想刷牙，他们尖叫、逃跑、痛哭流涕、吐口水、咬人——场面看起来十分壮观。如果你在这种情况下进入对抗状态，情况会变成什么样？你大声训斥、最后"砰"的一声关上门。你给孩子和你自己带来了压力，这真的有效吗？我认为答案是很明确的。"然后呢？我应该接受我的孩子不想刷牙的想法吗？但是刷牙是很重要的事情。我是不是应该不再斗争，直接弃之不顾，不再要求他们刷牙了？"当然不是！

当我们在培养抗挫力的目标下谈论"接受"这一概念的时候，我们不是在提倡单纯接受。在我们的语境中，"接受"的含义远远超过有意识地去感知。你观察到你的孩子在尖叫、哭泣、吐口水、跑到一边去，你自己有什么样的感觉？愤怒和绝望的情绪在不断高涨吗？你的挫败感是否正蔓延开来？好的，利用我在培养抗挫力第1把金钥匙的资源工具箱中所提及的行动，进行不带有批判性的观察能够帮助你不掺杂着你的感觉和情绪做出决策。

现在你要和你的孩子一起观察日常生活中的现实，并且认识到："刷牙的事情并不像我想象的那样。我的孩子现在需要知晓一些他们不知道的事情。"好！非常棒！你可以使用这个策略。

妈妈不崩溃

在你能够说出当前正在发生的事情和你内心中的感受之后，我想请你使用培养抗挫力的第2把金钥匙——你可以期待最好的可能结果（乐观）。我们经常在十分棘手的情况下发散想象，开始变得暴躁不安，例如，我们会想象我们的孩子坐在牙医的椅子上尖叫或牙痛得厉害用手捂住自己的脸颊。当我们脑海里充满这种想象时，我们的行动是建立在不安和恐惧的基础上的。在这种状态下我们采取的行动至少90%都是不利于孩子的。为什么我们在这个过程中不能以充满爱的方式相互支持呢？为什么我们不尝试着找到一个很好的解决方案，既解决了刷牙的问题，又让每个人都开心呢？也许，你的孩子会在这种情况下提出他们的想法呢？也许你能想出一个你认识的人，他能提供很好的支持帮助你找到解决方案呢？有了乐观心态，你也许会看到最好的结果，因为在希望中会产生美好的事物。第5把金钥匙（塑造关系）在这种情况下是特别重要的。"你不能一直不进行任何交流。"保罗·瓦茨拉威克说。即使你只是把恼怒的目光投向你的孩子，你的孩子仍然会收到一些信息。虽然孩子只能通过你怒睁的眼睛和撅起的嘴唇猜测背后隐藏着什么意图，但孩子肯定十分想要明确知道你到底在想什么。

那么，为什么不直接告诉你的孩子你的感觉是什么呢？

"哦，我明白了，你现在根本不想刷牙。你正在游戏的中间环节，不想被打断。也许你也不喜欢有东西在你嘴里捅来捅去。我说得对吗？"你对其中的一个孩子说。

孩子点点头，谈论他自己的感受。

"是的。我明白。谢谢你告诉我这些。但你朝我吐口水的时候我感到十分震惊。我不喜欢那样。对我们来说，最重要的是我们一起找到解决办法。现在，我想再告诉你一次为什么我总是要你刷牙。你准备好了吗？"

孩子点点头。

"作为你的妈妈，我的职责之一是确保你保持健康的状态，并学会照顾好自己的身体。由于我们每天吃很多不同的东西，有时会有一些东西塞在我们的牙齿中间，所以早晚刷牙是很重要的。牙齿需要我们的帮助。它们不能自己给自己刷牙。如果食物残渣在牙齿间塞得太久了，可能会导致牙龈发炎或者牙齿会得病。牙齿需要通过你的帮助得到照顾。"

为了和孩子一起找到解决办法，你可以结合你的个人资源和孩子的资源，使用培养抗挫力的第3把金钥匙（自我效能感）。你们中的谁能讲很棒的故事？给我们讲一个刷牙的奇幻之旅的故事吧。谁会讲笑话？以刷牙为主题表演个喜剧怎么样？

你的孩子刚刚学会了数数，而且以此为荣吗？那么让他数一下牙齿的数量。

解决方案可以是多种多样的。

你也可以一次又一次地，有意识地主动使用培养抗挫力的第 4 把金钥匙，也就是 承担责任，特别是在你事先知道你和孩子即将面临一个极具挑战性的局面的时候。例如，如果你知道在出发前让孩子穿好衣服总是需要你付出足够的耐心等待，或者让孩子刷牙总是需要你发挥创造力才能完成，那么就有意识地给自己多预留点时间。这时，你需要仔细地补充你的能量，并考虑你的基本需求。你是不是喝足了？你是不是吃饱了？当你的基本需求没有得到满足时，你常常容易陷入崩溃状态。听你最喜欢的歌，给自己一段短暂冥想的时间，或者做任何一件能给你带来快乐和能量的事情。以正念的方式享受这一刻，预先设定一个意念，在风暴即将到来前，给自己充足电，并在风暴中使自己成为惊涛骇浪中的那块礁石。你是有这个能力的，你能做到这些。而且，你也是被允许犯错的。

三个孩子、饥饿和数不清的需求

无论你有几个孩子，你可能已经切身感受到一种痛苦：每个人都想从你这里得到点什么，而且是完全不同的东西。更可怕的是，这些要求往往是同时出现的。当然，你常常感到力不从心。

你想知道你现在对你的孩子造成了多大的伤害，因为你看到了孩子的需求，却无法满足孩子的需求，无法帮助他实现每一个愿望，让他感受到被你关注并被爱着。当然，你能感知到他的所有需求就已经非常棒了。但是，我

家庭氛围中的抗挫力培养

们不可能让自己长出三头六臂，我们必须承认，我们个人的承受力是有极限的。如果你发现自己正受到挑战，自己身上被触发了一种强烈的感觉，不管是什么样的，第一步要做的就是接受。

在这种情况下，接受意味着你不能满足当前出现的所有需求。对你来说，有些需求实际上是无法满足的。当然，始终关注所有家庭成员的全部需求仍然是必须的。但是，让我们来看看，如果你真的认为你不能在任何时候忽视或忽略你的孩子的需要，会发生什么情况：你将不能再离开孩子身边半步，孩子一哭泣，就意味着你已经失败了。你可能还会忘记自己的存在。如果你拥有两个或更多的孩子，你应该从哪里开始？你应该停在哪里？哪个需求是更重要的？先满足谁的需求？

你甚至可能需要建立一个优先次序，这至少可以让任务变得更清晰。但如果你的某个孩子觉得他的需求总是被排在后面怎么办呢？

自从你决定接受现实的那一刻起，你就可以把巨大的压力从自己的肩膀上卸下来了。这将对你的孩子提供极大的帮助，因为孩子可以明显地从你的面部表情、你的手势和你的语言中看出你所承受的压力。你的孩子也能感觉到那一声很重的喘息声意味着什么，知道这些与自己有关。因此，如果你把自己从自我内部产生的压力中解放出来，你就能在各种需求相互冲突且极具挑战的环境中坚持下去，并做出在当下那一时刻合理且公平的决定。但是，什么才是公平呢？如果我能将你从你自己的责任中解放出来，给你提供灵验的处方，你根据处方行事就可以保持公平，那是多么好的事情啊！但是，这不是我的义务。从来没有什么"公平的模板"可以用于处理所有的日常事务。在你和孩子所处的高度复杂和个体化的情境中，只有你自己可以决定从哪里开始，并尽可能地做到公平，世界上的其他任何人都不能代替你。同时，很大声地喊"停止"对你来说可能也是很重要的，这可以让你的孩子停止在你耳边尖叫。这种情况还可能发生在你的孩子在那儿哭，而你需要立即打电话给医生时。你快速地拿起电话，你的孩子却缠着你让你回答他的问题，这时你可以进行一次深呼吸。

在日常生活中，使你的孩子变得坚强并不是意味着必须立即满足他的每一个需求，而是意味着你要表现出可以向他提供强大的力量，以及应对自己的错误所需要的策略。通过为孩子树立榜样，并不断减轻对自己所施加的压力，一切都会往好的方向发展。极具挑战性的时刻也是生活的一部分，因此也是你有可能做出过错误决定、不公平地对待你的孩子的时刻。你不是超人，不是超级妈妈，也不是英雄爸爸，而超人和英雄总会以公正的方式为人处事。你现在是，并且将来仍然是普通人，即使你已经拥有了孩子。通过向你的孩子展示怎样为自己的错误<u>承担责任</u>，你赋予孩子以力量，这远比满足他的每一个需求更重要。

家庭聚餐、Instagram 和游戏机

当前,媒体有一个与孩子相关的热门话题,也许你也会感到十分好奇,那就是允许你的孩子坐在游戏机、电脑、电视和其他游戏设备前的频率和时间。也许你被不同的教育工作者、心理学家和其他专家所提供的不同意见给搞糊涂了。你该把什么当作指南,教导孩子以健康的方式使用电子设备?让我们一起来看看那8把金钥匙,找出一些妥善的办法来处理这个问题。

1. 接受

假设你的孩子每天问你好几次能不能看电视,你都不同意,你的孩子开始发脾气了。你想让孩子摆脱对电视的迷恋,但你屡战屡败,感到很无力。在你的内心里,你对孩子的同情和你自己内心的抗拒是相互冲突的。与其一次又一次地重复经历这个过程,不如问自己:"我究竟做了什么让自己变成这个样子?""为什么不能直接影响孩子呢?"在最开始的第一步,我想请你一定接受这种情况的存在。尝试着以不带有任何批判的眼光描述这种情况,并感知你和你的孩子身上正呈现的情绪。这种情况对你有什么影响?你能观察到和感知到自己有哪些想法?也许,你能够注意到你缺少对事物的清醒认识。"我儿子能看2个小时电视吗?这对他有坏处吗?对我来说,这没问题吧?休息对我有好处,但我会感到非常不舒服,有内疚感。"

当你意识到你自己缺乏清醒的认识的时候,你可以寻找解决你内心中的冲突的方法,然后再处理你的孩子的愤怒可能就不那么困难了。但是,除专制和自由放任的模式之外,你还没有了解到应该怎样做才能够以充满爱的方式引导孩子。

在获得上述认知之后,你可以一个接一个地尝试其他金钥匙。

2. 乐观

可能的最好结果是什么?也许你已经获得了足够的信息,对处理你自己的价值观与孩子的需求之间的关系很有信心,并且知道应该以充满爱的策略来明确地制定用于孩子的规则。

3. 自我效能感

也许你已经通过你内心的冲突明白了自己的处境。你对情况缺乏清醒的认识使你不断受到挑战吗?你自己该如何应对这些挑战?你的哪些品质帮助了你?你现在能获得资源吗?如果能够获得资源,你需要什么资源?

4. 承担责任

如果感觉承担责任对你来说很重要,写下你想在孩子的生活中应承担的责任。例如,如果你真的不确定电子设备是否会对孩子有害，那么你可以承担起保证孩子健康的责任。你可以了解关于这个主题的各种各样的研究，观察孩子的行为，咨询心理学家等，以便获得做出正确决定所需的知识。模仿其他父母，或者按老师和同事的建议去做，并不一定合适。决定必须符合你的具体情况。因为当你最终确定并开始执行这个决定时，这个决定就会在日常生活中与你如影随形，并唤起你内心中相应的感觉和情感。所以，当具有影响力的××说"使用电子设备很有好处，并且无伤大雅"，你怎么办？如果你的孩子每次看电视时你都会感到烦躁不安，甚至还可能会与你的伴侣发生争执，那么具有影响力的××说的话对你来说就没什么用处。

此时，办法就变得十分清楚了：强化个人责任，进而强化个人的抗挫力。你自己找到了答案，就为你自己作为父母需要做出的决定奠定了基础，你自己也生活在一个清醒的状态下。这样做并不轻松，需要有一种新的意识和内在的确定性，遵从自己的价值观。

时间和冬装的烦恼

你遇到过下面的情况吗？你度过了一个美好的夏天。阳光吻着你的皮肤，你在室外游泳池里游泳，吃着冰淇淋，在大自然中散步，你和孩子一起享受着生活。一切都是那么轻松惬意。现在是冬天了，你想和孩子一起去购买冬装。

季节转换对孩子来说是一个巨大的挑战。从室外到室内，从朋友处到家里，从家居生活到购物……每当我们打断孩子正在做的事情，并期望他改变状态时，他就会大声吼出"不"，表达自己的愤怒。我们经常看到时钟在滴答作响，感觉我们的身体里满是沮丧——导火索变得更短了。也许你想知道在这种具有高冲突可能的情况下怎样才能让自己的所作所为充满爱并有效地引导孩子。

也许你还想知道怎样在以满足需求为导向的同时，不会忽略自己或打乱自己的整个计划。让我们使用那些金钥匙吧。

1. 接受

是什么让你在这种情况下面临如此大的挑战？你的孩子不做你想让他做的事，非常吵闹，不合作。这种情况你可能会频繁地面对，甚至可能每天都会发生，你很恼火。也许你的时间紧迫，非常焦虑；也许你害怕无法完成你设定的要做到事；也许你觉得你的自我决策能力受到了限制；也许你饿了、渴了，或者睡眠不足，感到很烦躁。你很难忍受你的孩子的大声反对，你想要和平、合作和自我决策。

2. 乐观

在这种状态中，说一句具有激励作用的名言，宽慰自己一切都会好起来的，可能并不那么合情理。但是你过去的经历能够使你在这种沉重压力下坚持下去。当然，肯定有过失控的情况，你可能按照与你的价值观不符的方式行事过。但我确信，在你与孩子一起生活的过程中，一定存在这样一些时刻：尽管处于压力之下，你们仍然努力照顾彼此，忘记了约定被充分理解。你现在的情况也是如此，你以前做到过，你现在也可以做到。

3. 自我效能感

如果你觉得你的自我决策能力因为孩子的不合作而受到限制，你可以问自己下列问题：在这种情况下，我的措施还有什么可补充的吗？例如，如果让你的孩子准时出门对你来说很重要，并且你知道在孩子出门的过程中需要大量的时间和耐心，那么你就可以在你的计划中安排充足的时间。为了能够在下午1点钟准时离开家，你可以从中午12点开始，叫孩子做准备，并陪着他穿上厚厚的冬装。也许你也会注意到，你的孩子只要戴上帽子和围巾就够了。如果你觉得外面对他来说可能会太冷，就随手带上冬衣，到时候帮孩子穿上。此时，稍早一点提前离开家是值得的，这样你就不会遇到时间紧迫的问题，进而保持头脑冷静。

4. 承担责任

如果你发现你自己很烦躁，因为你的一些基本需求无法被满足，这时你应该照顾好自己。也许你可以在周末准备一大包健康的零食（我爱能量球——枣、坚果和可可粉的混合物），能让你在最短的时间内充饥；你可以在你的玻璃饮料瓶上贴上一个只有你自己才知道含义的词，比如"和平""爱""共情"，并且主动喝足饮料。承担责任，特别是在我们希望强化孩子的抗挫力时，意味着我们不能把自己的问题转嫁给我们的孩子。

5. 塑造关系

你知道，当夏天结束后，你不得不接受多雨的秋季的到来，告别连衣裙和短裤，迎来柔软的毛衣和靴子，需要在家里待更多的时间……在这种季节转变的过程中，你与孩子之间发生了冲突。你的孩子在尖叫、逃避、哭泣，不想穿上厚厚的衣服。此时，与孩子之间建立关系就变得特别重要。同情心、同理心并欣赏你的孩子能表达自己所需可以帮助你意识到孩子在想什么。你可以问自己，甚至直接问你的孩子为什么要这么做。也许他游戏正玩得高兴；也许他身上的这套衣服太热、太紧或太痒了；也许他知道你带着他正走在看医生的路上，他很害怕。这时，以感同身受且平和的方式与孩子进行沟通，可以极大地缓解这种紧张情况。你的孩子所说或所做的一切，绝不会是故意为难你，他可能只是为了他自己。孩子能感觉到自己的需求和愿望，并尽可能地表达出来，他想要获得理解，想要感受到已经获得了理解。其实孩子和你是一样的!

6. 以解决问题为导向

在这种情况下,你关注的焦点是特别重要的。你是在重点关注当下正在发生的问题,还是在判断你和孩子的对错?你现在有什么选择吗?你能随身带着这件衣服,以便孩子在冷的时候穿吗?孩子能穿别的衣服吗?你能再给孩子一点玩耍的时间吗?孩子能够带个玩具吗?你们可以一起先去一趟面包店吗?你打断孩子正在全神贯注地玩着的游戏后,能以一种有趣的方式给他讲故事吗?

你能按照相似的思路以一种有趣的方式邀请你的孩子加入你在做的事吗?可能性是无限的。如果你想不出来,就去问你的孩子。说真的,很多时候,我们的孩子可能会有一些想法,在我们看来是如此不可思议,却听起来很有道理,也许这是真正的解决办法。

被边缘化的孩子

"欺凌"这个词会让我们很多父母陷入恐惧和憎恨之中。我们想知道,如何才能保护我们的孩子远离欺凌。我们想知道,我们的孩子需要什么样的能力和品质,才能使得自己不会成为被排斥、骚扰等事件的受害者。是领导能力和自信心吗?是同理心、创造力和可依赖性吗?由于我经常面对这个问题,特别是作为一名从事抗挫力教育的培训师，我也想在本书中重点讨论这个问题。一个拥有抗挫力的人是如何应对欺凌的？

首先需要说的是坏消息：在这个世界上，我们无法确保孩子会拥有一个绝不会经历被欺凌的童年。欺凌可能影响任何一个人。谁成为肇事者和受害者，在一个群体内是动态性的。

没有处方，没有疫苗，没有盾牌。

但是，我们也不是无计可施的。在本书中，你已经读到了一些办法，你可以使用它们并将其融入你的日常生活中。你无法杜绝孩子被欺凌、排斥，孩子与好朋友之间也会发生一些小分歧。但你能提供的，也是你的孩子在这样的时刻最需要的资源之一，就是一个温暖安全的家。一个在学校经历被欺凌、排斥或类似情况，回到一个严酷的家庭里，在家里必须服从父母，必须隐藏自己的感情的孩子，很可能比一个无论在学校里度过了多么恐怖的日子，却深信在家里他可以投入充满爱的怀抱并被珍视，最重要的是会被倾听的孩子，更容易遭受欺凌。在前一种情况下，受到欺凌的孩子更有可能只相信自己，因此，我们能够而且应该做的最重要的事情是让我们的孩子尽可能掌握培养抗挫力的 8 把金钥匙。如果我们希望我们的孩子能够在他不希望的事情发生在他身上时说"不"或"停止"，作为父母，我们要从一开始就给他一些空间；如果我们希望我们的孩子在遭受欺凌的时候求助于我们，我们可以事先向他表明，他表达自己的感受和情绪是安全的，不是无济于事的，不会受到嘲笑，不必感到羞耻；如果我们希望我们的孩子拥有一份持续的安全感，那么我们就要持续向他提供爱心和同情心，帮助他获得顺应变化的能力。

  对我们的孩子几乎没有什么帮助的就是我们的怜悯。同情和怜悯之间是有重要的区别的。当暴风雨来袭时，我们要像岩石一样成为孩子的依靠。一旦我们的孩子被一种情绪压倒，我们就站在那里，我们问发生了什么，表现出我们的感受。我们通过拥抱、爱抚或只是坐在孩子身边来提供身体上的亲近，表现出我们在倾听，我们就在那里。如果我们与孩子一起承受痛苦，我们就能感受到我们孩子的感受。我们和孩子一起在暴风雨的海面上遨游，往往可以给我们的孩子以力量。因此，每当你发现你的孩子在学校有沮丧、悲伤、愤怒的感觉时，问问自己：我能够理解这种痛苦吗？如果我在这种情绪中采取行动，对我的孩子真的有帮助吗？现在我的孩子身上发生了什么？我需要做些什么才能捕捉到孩子内心的感觉？如果我现在无法提供支持，我能向谁寻求支持？在发生孩子被欺凌的情况时，最有帮助的是让孩子感受到他不是在孤身奋战。你可以通过站在孩子身边并支持孩子来为孩子提供勇气。

妈妈不崩溃

✔ 清单

在发生孩子被欺凌的情况时你能做以下这些事。

1. 接受

以不带任何批判性的眼光倾听孩子的话,让孩子充分表达痛苦,而不用担心遭到批评。

2. 乐观

允许孩子感受到绝望。同时,应该指出你和/或孩子已经掌握了这个情况,告诉孩子这种情况一定会结束的。

3. 自我效能感

反思自己的感受和情绪,这样,就更容易将自己和孩子的情感世界隔开一段距离。通过这种方式,你可以为孩子提供情感支持,并思考自己该如何行动:可以向谁求助?是否有可以求助的专业人士?你知道哪些关于欺凌的书?你可以从哪里找到更多的信息来帮助自己处理这种情况?

4. 承担责任

努力工作!尽管可能很困难,但重要的是采取实际行动。找到处理这个问题的方法,把你自己的恐惧和忧虑留给自己,让孩子能够分享他的经历和情感。

作为父母，以抗挫力辅导或心理辅导的形式向孩子提供自己所能提供的专业支持应该是很有用的。

5. 塑造关系

为了保持强大，你需要让自己感觉自己并不是孤单的。孩子和你都不必坚持独自面对欺凌这个问题。有许多机构和基金会专门来处理欺凌问题，并在你自己达到极限的时候对你提供支持。与陪伴孩子成长的老师直接联系也是十分重要的。如果在这方面也存在困难，不要迟疑，寻找你身边可以找到的外部支持。抗挫力培训师、非暴力沟通培训师、心理学家等都可以在这方面提供宝贵的支持。

6. 以解决问题为导向

在许多情况下，欺凌的肇事者本身也可能是欺凌的受害者。理解这一点可以帮助你进入以解决问题为导向的同理心状态。指责通常会使得你陷入恶性循环之中。更合理的方式是，问问自己：事件涉及每个人什么样的需求？怎样才能缓和势态？这些需求可以是明确的协议、界限、同理心等。单纯抑制情绪是没有用的，问题也许出现在其他地方。可以从培养抗挫力8把金钥匙中所提供的资源工具箱和资源清单中寻找灵感。

陪伴儿童成长的教育工作者的任务是检查肇事者和相关者需要获得什么帮助才能和平地解决他们自己所经历的欺凌，而不是将欺凌传递给其他人。

7. 规划未来

在度过了痛苦的急性期之后，你可以和你的孩子一起按照孩子预期的方式有针对性地规划未来的学校生活。让自己感觉良好需要什么条件？孩子是否感觉到得到支持并且有安全感？你应该在家庭生活中融入什么，让你的孩子继续获得安全感？每周进行一次谈话，讨论孩子在学校中的感受，对你来说是否合理？孩子是否需要定期与相关的教育工作者沟通交流？你的孩子是否想追求某个爱好，以便能够建立一个范围超出校园的朋友圈？

8. 顺应变化

被排斥的感觉会深深地刺伤每一个孩子的心灵。在前面章节中我已经说过，找到自己的社区以及与重要的榜样人物之间建立安全牢固的关系对孩子来说是至关重要的。在经历了像被欺凌这样的痛苦之后，强化孩子顺应变化的能力是非常有帮助的。也许你家的附近就可以提供儿童冥想课、瑜伽课或自卫课，这些可以使你的孩子在找到群体归属感，探索自己的身

> 体、思想和情感之间的联系等方面受益。许多相关书籍可以帮助孩子强大自己的内心，在面对各种情况时，能顺应变化。

收银台前的愤怒

作为父母的我们都十分了解，孩子的眼中经常充满着对我们的畏惧，把我们看作在超市购物过程中每次爆发愤怒的最终负责人。在孩子的自主发展阶段，我们一次又一次地体验到此类事件总是给我们带来巨大的挑战。在这样的时刻，我们怎样才能以一种坚韧不拔的精神陪伴我们的孩子呢？在这个过程中，我们怎样才能不断强化孩子的意志力，同时又不会忽视我们自己呢？

让我们尝试进入"接受"（培养抗挫力的第1把金钥匙）的心态。

暴怒实际意味着什么？"接受"是什么意思？我们的孩子在想什么？我们在本书中已经了解到，孩子不会做故意反对我们的事情。他的所有行为只是为了他自己。找到你和需求之间的联系，并让你和需求相互理解。是的，有时它们之间会相互冲突。以"接受"的心态，你可以更仔细地看看：现在到底发生了什么？我的孩子在干什么？为什么会这样？是什么触发了我的这种行为？我现在正在经历的是什么样的感觉和情绪？藏在其背后的想法是什么？

在这方面,对大脑研究进行一次短暂的探索是十分值得的。丹尼尔·J. 西格尔对大脑 3 部分的描述[1],可以很好地帮助你理解暴怒时的神经运动。

大脑的第一部分被称为脑干,与我们的脊髓相连。我们可以把脑干理解为大脑中最古老的部分,这也是脑干被通俗地称为爬行动物脑的原因。我们的脑干控制着身体的自主功能,如呼吸和心跳。对我们来说重要的是,在我们的脑干中拥有一种不由自主的对身体的紧急控制功能,也就是所谓的反抗-逃离模式。我们的大脑在认为存在威胁的情况下,就会产生要么逃跑,要么去战斗的想法。

你可能会在与伴侣的冲突中清醒地感受到这种倾向:你可能想冲出房间,躲在被子里哭泣,或者你可能会发疯,大喊大叫,摔自己周围的盘子和杯子。

值得关注的大脑的第二部分是边缘系统,主要参与感觉和情感的产生,因此,边缘系统使得我们能够建立彼此之间的联系。边缘系统的一个组成部分——杏仁核在这方面发挥着核心作用,就像我们的情感警报器,帮助我们通过情绪表达我们的需求。

前额叶皮层是大脑的第三部分,占有特殊的位置,也被称为大脑皮层。有了大脑皮层,我们可以进行抽象思考,甚至观察自己,控制自己的情绪。这个区域从我们的童年起经过多年时间发育出来,这也就是我们不能假定我们的孩子能够评估他的行为及行为所带来的合乎逻辑的后果的原因。

在孩子发脾气时,边缘系统首先进行控制,然后通过脑干掌管。孩子只知道挣扎或逃跑(或静止不动)。前额叶皮层在很大程度上处于关闭状态或尚未发育完全,给我们留下了深刻的印象:我们的孩子在这种状态下几乎或者根本不接受解释。所以我们现在可以理解了,我们的孩子正在经历神经短路,并且需要我们的支持。与此同时,我们可以理解这些事实产生的影响。也许我们可能在别人面前感到羞愧,也许我们可能会感到恐慌,也许我们会对自己生气并对自己恼火。如果我们能感受到所有这些感觉,那么我们的爱就会在那里等待我们的孩子,而我们自己也可以在培养抗挫力方面更前进一步。我们会问一系列为什么。这些感觉到底是从哪里来的?藏在背后的想法是什么?……我们可能会在陌生人面前感到羞愧,因为我们仍然认为我们应该取悦所有人,或者我们不应该成为别人的负担。这个理念在我们的童年时可能是合理的,但对于我们与孩子之间的关系来说,它可能是一个相当大的障碍。我们到底想要什么?我们可能希望保持冷静,并能够平静地陪伴孩子走出困境。

现在,轮到培养抗挫力的第 2 把金钥匙——乐观发挥作用了!我们应该允许我们自己面对现实,采取最佳的方式陪伴我们的孩子走出暴怒状态。不管现在是什么情况,我们的选项仍然是多种多样的。为什么我们没能把注意力集中到最好的可能的选项上呢？

每当我们受到来自外部的挑战，并能够感觉到自己受到以前的理念所限制时，就会出现一种无能为力的感觉。在我的咨询工作中，我经常能够体会到我的很多客户想要的亲子关系和实际的亲子关系之间存在着偏差。此时，对自己进行谴责无济于事。但是，这种不舒服的良心受到谴责的感觉可以被用作驱动我们持续反思的动力。每当你注意到你自己的价值观和行为之间出现差异时，应该对你的自我效能感（培养抗挫力的第3把金钥匙）进行反思：

- 我在这种情况下搞砸了什么？
- 我实现了什么？
- 是什么触发了我？
- 下一次我需要怎么做才能保持与我自己的价值观一致？

在应对暴怒的时候，把自己的行为和孩子的内心体验区分开来十分重要，也是一个极大的挑战。即便你的语言和行为触发了孩子的愤怒，你的本能反应会认为这与你无关。我现在要求你不要轻率地做出反应，而要积极主动地陪伴你的孩子。你必须承担起作为父母的责任（培养抗挫力的第4把金钥匙）。这需要进行练习。我想向你提供一条规则，这条规则已经对我和我的很多客户都提供了很大的帮助。

1. 一旦你在身体上或精神上感觉到孩子身上强烈的感觉在触动你,想象有一个玻璃罩罩在你的周围。这种保护罩能够允许你把所有的感觉都留在自己身边,并在一定距离外观察你的孩子的感觉。而且,这个罩保护你不会受到别人轻视的目光的影响。同样,在这种情况下,你可以想象有一个玻璃罩罩住了你的孩子。

2. 只要你觉得合适,尝试通过鼻子进行深吸气,短暂地屏住呼吸,然后用嘴进行深呼气。在做深呼吸的同时,想象一下,你的脚逐渐扎根并牢固地与大地结合在一起。通过你的根,你的不愉快、挫折和愤怒被导入了大地中。大地母亲以赞赏的态度接受了一切,作为反馈,赐予你力量。你每一次呼吸都可以通过根吸取能量。

3. 将自己降到与孩子的眼睛同一水平的高度,想象有一条无形的爱的纽带将你的心与孩子的心连接到了一起。视孩子的情况,你可以只是待在那里,通过纽带赋予孩子力量,或者把一只手放到他的背部、把他抱在怀里,或者做其他亲密的动作。在这种情况下,你只和你自己在一起,沉浸在你对孩子的爱中。

4. 在你的孩子恢复冷静状态后,与孩子建立联系。向你的孩子描述你是如何感觉到这种情况的,并向他提供一个机会,让他在不做出评价的情况下说出是什么触发了他的什么感觉,并给所有的感觉命名,这样你就加强了他的同理心,培养了他"接受"的能力,同时与他建立了一种相互欣赏的关系（培养抗挫力的第 5 把金钥匙"塑造关系"）。此外，这种对体验到的东西进行处理的方式可以帮助你更好地看清未来可能会出现的类似情况。

备忘清单

在上文描述的实例中，你已经看到了培养抗挫力的金钥匙在实践中对你和你的孩子意味着什么。通过实践，你可以同时强化你自己和你的孩子直面生活的能力，你们的个性也可以自由发展。我鼓励你在内心清醒时自己做出决定，并在缺乏清醒认识的时候能够采取必要的步骤。

1. 现在是什么在挑战我？我在什么情况下感觉到这一点？针对这个问题我能改变什么？什么是不可改变的，并提示我需要重新评估我的现实情况？

2. 针对我目前的情况，最好的结果是什么？

3. 我以前做过类似的事吗？那时是什么帮助了我？我现在可以使用哪些资源？我现在可以专门积攒哪些资源？

4. 我可以积极地做些什么？我需要什么才能采取行动？

5. 现在谁能帮我？我怎样才能让对方明白我现在的感受？我能为谁做点有益的事情？谁能为我做点有益的事情？我需要做些什么，才能接受支持？

6. 有什么解决办法应对这个挑战？我需要什么才能

重新评估当前的情况？我该选择哪条道路？到目前为止，哪些策略和方法对我有帮助？

7. 我怎样做才能将我在以前的挑战中获得的知识融入我的生活中？到目前为止，我什么事情做得很好，什么事情做得不好？我想要体验什么，设计什么，实现什么？哪些价值观对我来说很重要？

8. 我的生活永远是自己的，我获得了支持，发生的一切对我来说都是好的。什么给了我希望？是什么给了我安全感？我能相信什么？

结语—让爱帮我们走出痛苦

我现在真的很高兴，你跟着这本书走了这么远。在前面章节里，你可以看到很多建议和练习。你如果真的整合并应用了其中的一些内容，那么肯定会有一些自己的见解。在这个世界上没有人能替你走完为人父母的道路，如何塑造你和孩子之间的关系完全掌握在你的手中！你的经历很丰富，你自身就拥有无数的资源。你可以不断地重新发现或一次又一次地发展出各种人格、能力和态度。对你自己和你的孩子来说，不再对所遇到的痛苦视而不见，而是通过爱一起战胜痛苦，这是多么值得庆幸啊！你和你的孩子之间的纽带，以诚实、可靠和真实为特征，是在孩子成长过程中你可以给予孩子的最强大的资源之一。

鸣 谢

多年来,我一直想写一本书,把抗挫力研究的各种发现分享给尽可能多的家庭。现在,这本书已经以真实的形态出现在我的面前了。所有这一切需要归功于在撰写这本书的过程中丰富了我的生活的许多人,我要对他们表示衷心的感谢。

最重要的是,我要感谢我的两个孩子,你们使我能够亲身体验在家庭中培养抗挫力的办法。我太爱你们了,这个世界上没有一个词能充分表达我的爱。我能做你们的妈妈是我人生中收到的最好的礼物。谢谢你们。

我要感谢卡门·科尔茨,你一直耐心地陪在我身边,并给予我极大的关注。我衷心感谢你对我的工作的信任。

我要感谢朱迪思·罗斯精彩的文书工作。这本书呈现了幽默的风格及尊重的态度。非常感谢你,合作愉快!

我要感谢康斯坦泽·舒尔茨,在大概10年前的一次研讨会上简略地向我介绍了艾米·维尔纳的研究——考爱岛的孩子们,让我有机会第一次接触到了最终成为我职业的研究。我永远不会忘记我第一次读到这些研究那一刻的震撼。

我要感谢阿丽亚娜·费尔德豪斯和博多·希尔德布

兰特教授，你们几年前给我提供机会，让我探索顺应变化与抗挫力开发之间可能存在的联系。在你们的开放性思维中，我第一次练习着将抗挫力研究的发现带给世界。

感谢劳拉·塞勒分享的十分有效的5步骤操作法。

感谢苏珊娜·米劳和珍妮·米克，对我来说，你们的工作成为我的指路明灯。你们每天都在鼓励我将我的研究与各个家庭分享，并将抗挫力培养方法推向全世界。衷心感谢你们的帮助！

感谢本书涉及的所有家庭，授权我在本书中分享你们的故事。很感激你们对我本人和我的工作的信任，非常感谢能够让我成为你们的生命旅程中的一位陪伴者。

感谢各位，亲爱的读者，感谢你的开放心态和好奇心，促使你花费宝贵的时间阅读这本书。

注 释

为人父母——同时面对挑战与机遇

1. Kindl-Beilfuß, Carmen (2015): *Fragen können wie Küsse schmecken. Syste-mische Fragetechniken für Anfänger und Fortgeschrittene.* Heidelberg Carl Auer.
2. Berg, Fabienne (2014): *Übungsbuch Resilienz.50 praktische Übungen, die der Seele helfen, vom Trauma zu heilen.* Paderborn: Junfermann.

抗挫力——什么是抗挫力

1. Fröhlich-Gildhoff, Klaus; Rönnau-Böse, Maike (2014): *Resilienz.* Mün-chen: Ernst Reinhardt.
2. Ebenda.
3. Ebenda.
4. Ebenda.
5. Heller, Jutta (2013): *Resilienz. 7 Schlüssel für mehr innere Stärke.* München:Gräfe und Unzer.
6. Holtmann, Martin; Schmidt, Martin (2004): *Resilienz im Kindes- und Ju-gendalter.* Kindheit und Entwicklung 13.
7. Fröhlich-Gildhoff, Klaus; Rönnau-Böse, Maike (2014): *Resilienz.* Mün-chen: Ernst Reinhardt.
8. Wustmann, Corina (2004): *Resilienz. Widerstandsfähigkeit von Kindern in Tageseinrichtungen fördern.* Weinheim, Basel: Beltz.
9. Scheithauer, Herbert; Petermann, Franz (1999): *Zur*

Wirkungsgruppe von Risiko-und Schutzfaktoren in der Entwicklung von Kindern und Jugendli- chen. Kindheit und Entwicklung 8(1),3-14.

10. Wustmann, Corina (2004): *Resilienz. Widerstandsfähigkeit von Kindern in Tageseinrichtungen fördern.* Weinheim, Basel: Beltz.
11. Rutter, Michael (2000): *Nature, nurture and psychopathology. A new look at an old topic.* In: Tizard, B., Varma, V. (Hrsg.): *Vulnerability and Resilien-ce in human Development.* London/Philadelphia: Jessica Kingsley Publis-hers,21-38.
12. Strüber, Nicole (2015): *Risiko Kindheit. Die Entwicklung des Gehirns verste-hen und Resilienz fördern.* Stuttgart: Klett-Cotta.
13. Mierau, Susanne (2019): *Mutter.Sein. Von der Last eines Ideals und dem Glück des eigenen Wegs.* Weinheim, Basel: Beltz.
14. Kratzer, Anne (2018): *Warum Hitler bis heute die Erziehung von Kindern beeinflusst.* URL: https://www.zeit.de/wissen/geschichte/2018-07/ns-ge-schichte-mutter-kind-beziehung-kindererziehung-nazizeit-adolf-hitler-letzter Zugriff 18. Juli 2020.
15. https://de.wikipedia.org/wiki/Johanna_Haarer#Die_deutsche_Mutter_und_ihr_erstes_Kind-letzter Zugriff 20. Juli 2020.
16. Cammarata, Patricia (2020): *Raus aus der Mental Load-Falle,* Weinheim, Basel: Beltz.

1. 接受——与生活保持一致

1. Juul, Jesper (2014): *Aggression. Warum sie für uns und unsere Kinder not-wendig ist.* Frankfurt am Main: S. Fischer.
2. Pertel, Klaus (2014): URL: https://klauspertl.com/die-90-sekunden-regel-fuer-mehr-emotionale freiheit/-letzter Zugriff 16.08.2020.
3. Hayes, Steven C; Strosahl, Kirk D.; Wilson, Kelly G. (2016): *Acceptance and Commitment Therapy.* Second Edition: *The Process and Practice of Mindful Change.* New York City: Guilford Publications.
4. Berg, Fabienne (2014): *Übungsbuch Resilienz. 50 praktische Übungen, die der Seele helfen, vom Trauma zu heilen.* Paderborn: Junfermann.

3. 自我效能感——我可以改变一些东西

1. Stahl, Stefanie (2015): *Das Kind in dir muss Heimat finden: Der Schlüssel zur Lösung (fast) aller Probleme.* München: Kailash.
2. Selbstwirksamkeit und Bandura URL: htps://de.wikipedia.org/wiki/Selbstwirksamkeitserwartung-letzter Zugriff am 01.08.2020.
3. Bandura, Albert: *Self-Efficacy. Toward a Unifying Theory of Behavioral Change.* In: *Psychological Review.* Band 84, Nr. 2, 1977, S. 191-215.

5. 塑造关系——我并不孤单

1. GfK Schweiz. URL: https://www.gewaltfrei-schweiz.ch/

gewaltfreie-kom-munikation.html-letzter Zugriff am 09. 08. 2020.

7. 规划未来——走向生命的丰满
1. Urban, Tim: waitbutwhy.com/2014/05/life-weeks.html-letzter Zugriff am 09.08.2020.

8. 顺应变化——坚定信念
1. Antonovsky, Aaron (1997): *Salutogenese. Zur Entmystifizierung der Ge-sundheit.* Tübingen: Dgvt.

家庭氛围中的抗挫力培养
1. Siegel, Daniel J. (2012): *Mindsight-Die neue Wissenschaft der persönlichen Transformation.* München: Goldmann.

参考书目

Antonovsky, Aaron (1997): *Salutogenese. Zur Entmystifizierung der Gesundheit.* Tübingen: Dgvt.

Bandura, Albert (1977): *Self Efficacy. Toward a Unifying Theory of Behavioral Change.* In: *Psychological Review.* Band 84, Nr. 2, 1977,S. 191-215

Bandura, Albert (1997): *Self Efficacy. The Exercise of Control.* London: MacMil-len Education.

Berg, Fabienne (2014): *Übungsbuch Resilienz. 50 praktische Übungen, die der Seele helfen, vom Trauma zu heilen.* Paderborn: Junfermann.

Berndt, Christina (2015): *Resilienz. Das Geheimnis der psychischen Wider-standskraft. Was uns stark macht gegen Stress, Depressionen und Burn-out.* München: dtv Verlag.

Bowlby, John (2014): *Bindung als sichere Basis. Grundlagen und Anwendung der Bindungstheorie.* München: Ernst Reinhardt.

Cammarata, Patricia (2020): *Raus aus der Mental Load Falle. Wie gerechte Ar-beitsteilung in der Familie gelingt.* Weinheim Basel: Beltz.

Fröhlich-Gildhoff, Klaus; Rönnau-Böse, Maike (2014): *Resilienz.* München: Ernst Reinhardt.

Frankl, Viktor E. (2018): *Trotzdem Ja zum Leben sagen. Ein*

Psychologe erlebt das Konzentrationslager. München: Penguin.

Gruhl, Monika (2018): *Resilienz. Die Strategie der Stehaufmenschen.* Freiburg im Breisgau: Herder.

Hayes, Steven C; Strosahl, Kirk D; Wilson, Kelly G. (2016): *Acceptance and Commitment Therapy.* Second Edition: The Process and Practice of Mind-ful Change. New York City: Guilford Publications.

Hayes, Steven C. (2020): *Kurswechsel im Kopf. Von der Kunst anzunehmen, was ist, und innerlich frei zu werden.* Weinheim, Basel: Beltz.

Heller, Jutta (2013): *Resilienz. 7 Schlüssel für mehr innere Stärke.* München: Grä-fe und Unzer.

Holtmann, Martin; Schmidt, Martin (2004): *Resilienz im Kindes- und Jugendal-ter,* Kindheit und Entwicklung 13. Göttingen: Hogrefe.

Juul, Jesper (2014): *Aggression. Warum sie für uns und unsere Kinder notwendig ist.* Frankfurt am Main: S. Fischer.

Juul, Jesper (2016): *Leitwölfe sein. Liebevolle Führung in der Familie.* Weinheim, Basel: Beltz.

Kindl-Beilfuß, Carmen (2015): Fragen können wie Küsse schmecken. Systemi-sche Fragetechniken für Anfänger und Fortgeschrittene. Heidelberg Carl Auer.

Mierau, Susanne (2019): Mutter.Sein. Von der Last eines Ideals und dem Glück des eigenen Wegs. Weinheim, Basel: Beltz.

Mik, Jeannine; Teml-Jetter, Sandra (2019): Mama, nicht schreien. Liebevoll bleiben bei Stress, Wut und starken Gefühlen. München: Kösel.

Reivic, Karen; Shatte, Andrew (2003): The Resilience Factor. 7 Keys to Finding Your Inner Strength and Overcoming Life's Hurdles. New York City: Ban-tam Books USA.

Rosenberg, Marshall B. (2016): Gewaltfreie Kommunikation. Eine Sprache des Lebens. Paderborn: Junfermann.

Rutter, Michael (2000): Nature, nurture and psychopathology. A new look at an old topic. In: Tizard, B., Varma, V. (Hrsg.): Vulnerability and Resilience in human Development. 21-38. London/Philadelphia: Jessica Kingsley Pu-blishers.

Scheithauer, Herbert; Petermann, Franz (1999): Zur Wirkungsgruppe von Ri-siko-und Schutzfaktoren in der Entwicklung von Kindern und Jugendli-chen. in Kindheit und Entwicklung 8 (1), 3-14. Göttingen: Hogrefe.

Siegel, Daniel J. (2012): Mindsight. Die neue Wissenschaft der persönlichen Transformation. München: Goldmann.

Siegel, Daniel J.; Payne Bryson, Tina (2018): *The Yes Brain. How to Cultivate Courage, Curiosity and Resilience in your Child.* New York: Bentam Books.

Stahl, Stefanie (2015): *Das Kind in dir muss Heimat finden: Der Schlüssel zur Lö-sung (fast) aller Probleme.* München: Kailash.

Strüber, Nicole (2015): *Risiko Kindheit. Die Entwicklung des*

Gehirns verstehen und Resilienz fördern. Stuttgart: Klett-Cotta.

Wustmann, Corina (2004): *Resilienz. Widerstandsfähigkeit von Kindern in Ta-geseinrichtungen fördern*. Weinheim, Basel: Beltz.